Alfred Polgar

MARLENE
Bild einer
berühmten Zeitgenossin

*Herausgegeben und mit einem Nachwort
von Ulrich Weinzierl*

btb

Der Verlag weist ausdrücklich darauf hin, dass im Text
enthaltene externe Links vom Verlag nur bis zum Zeitpunkt
der Buchveröffentlichung eingesehen werden konnten.
Auf spätere Veränderungen hat der Verlag keinerlei Einfluss.
Eine Haftung des Verlags ist daher ausgeschlossen.

Verlagsgruppe Random House FSC® N001967

1. Auflage
Genehmigte Taschenbuchausgabe Dezember 2016,
btb Verlag in der Verlagsgruppe Random House GmbH,
Neumarkter Str. 28, 81673 München
Copyright © der Originalausgabe 2015 by Paul Zsolnay Verlag
Wien, Lizenzausgabe mit Genehmigung
des Paul Zsolnay Verlages Wien
Umschlaggestaltung: semper smile, München,
nach einem Entwurf von Lübbeke Naumann Thoben, Köln;
unter Verwendung eines Fotos von William Walling
© Deutsche Kinemathek, Marlene Dietrich Collection Berlin
Druck und Einband: GGP Media GmbH, Pößneck
cb · Herstellung: sc
Printed in Germany
ISBN 978-3-442-71433-9

www.btb-verlag.de
www.facebook.com/btbverlag
Besuchen Sie auch unseren LiteraturBlog www.transatlantik.de

MARLENE

Bild einer
berühmten Zeitgenossin

DIE ZWEITE VON LINKS

Mitte der zwanziger Jahre unseres glorreichen Jahrhunderts wurde auf der Bühne der Wiener Kammerspiele ein amerikanischer Reißer, ein Thriller, vorgestellt, in dem unsanfte Begebenheiten, durch rauhen Humor kontrastiert, sich häuften. Vergnügen zarterer Art brachten zwischendurch fünf, mit bestem Geschmack entkleidete, junge Damen auf die Szene, alle sehr hübsch und anmutig. Das Stück hieß »Broadway«, und die fünf stellten die Broadway-Girls dar. Wie sich das für Girls ziemt, tanzten sie überaus parallel: zehn Beine und ein Takt. Sie sangen auch. Und zuweilen mischten sie sich sogar solistisch ins Spiel. Gangster, deren ganz gefährliche auf der Bühne sich tummelten, planten eine Mordtat, aber Dank der Geistesgegenwart und Entschlossenheit eines der fünf Mädchen wurde sie verhindert. Es war die zweite von links, die, im kritischen Augenblick, den Revolver hob und die Kanaille niederschoss. Sie schoss von einer Treppe herab, die im Hintergrund sich wendelte, sie blieb dort stehen, als die Tat getan war, und sah auf das Opfer mit einem Blick, in dem Uninteressiertheit, kindliche Neugier, Müdigkeit und Gefühl schicksalhaften Unvermögens zu verstehen (wie es aus dem Tier-Auge trauert) sich mengten.

Zweifler könnten sagen: Heute, äußerst hinterher,

lässt sich derlei leicht in den Blick der jungen Dame – die inzwischen zu hohem Ruhm gelangt ist – hineindeuten, aus einem späteren Wissen eine frühe Ahnung konstruieren. (Es entbehrt nicht der Komik, wenn Lavater, der große Physiognomiker des 18. Jahrhunderts, aus dem Gesicht des jungen Caesar soldatische und imperiale Geniezeichen herausliest.) Vielleicht aber wird, dass einige schon damals, zur »Broadway«-Zeit, von Art und Wesen des Girls, das den Gangster niederschoss, wunderlich angerührt wurden, glaubhafter durch den Umstand, dass diese Links-Zweite des Damenquintetts auch von seltsamer, fesselnder Schönheit war. Von einer Schönheit, die den Eindruck weckte, als wäre da dem Künstlerwillen der Schöpfung, der sie geformt hatte, eine ganz besondere Absicht zugrunde gelegen.

Dieses merkwürdige Antlitz lockte stärker noch als mit dem, was es verriet, mit dem, was es verschwieg, mit Helligkeit und Schatten, die wie Widerschein und Störung eines sehr fernen Lichts über das Gesicht hingingen, mit Zeichen schicksalhafter Bestimmung, von der die Trägerin selbst nichts zu wissen oder nichts wissen zu wollen schien. »Ich kann den Blick nicht von euch wenden, ich muss euch anschaun immerdar«, wie, wenn ich nicht irre, Freiligrath dichtete, bei dem auch ein anderes gutes Dietrich-Motto zu finden wäre: »O lieb, so lang du lieben kannst!«

Diese unbekannte, rätselhafte Schönheit, vollendet

schön auch an Gestalt, die da im Theaterstück, eine unter vielen, ohne Lust noch Unlust an der Sache, getreulich vorspielte, was ihr vorzuspielen geheißen war, erledigte ihren Part mit einer Art selbstbewusster Tüchtigkeit. Sie trug, in des Wortes rechtem wie übertragenem Sinn: den Kopf hoch. So, als setze sie wenig Ehrgeiz darein, zu gefallen, aufzufallen – oder als erscheine es ihr selbstverständlich, dass sie gefallen, auffallen müsse.

Sie schoss auf den Mordbuben, aber ihre Seele war dabei nicht im Spiel, nur ihre Hand. Es schoss, nicht sie. Sie war an der Affäre kaum mehr und anders beteiligt als der Revolver. Sie diente als Instrument zur Vollbringung einer Tat, mit der ihr Ich nichts zu schaffen hatte. Der Strom von Energie, der durch den Körper der Frau floss und die Aktion auslöste, hatte nicht im Willen der Täterin seinen Ursprung. Sie gehorchte einem Entschluss, den nicht sie gefasst hatte, sondern der über sie gefasst worden war.

Diese Passivität im Augenblick schicksalsschwerer Aktivität, diese seltsame Ruhe im Affekt – vertieft noch durch ein nur andeutendes Mienenspiel und den umschleierten Klang einer mit Ton sparenden Stimme – wurde von manchen schon damals, als der Stern der Dietrich noch unterm Horizont stand und sie nur ein Girl unter Girls war, als Originalitäts-Zeichen empfunden und erkannt. Marlene wird selbst nicht wissen, dass bereits zu jener Zeit ihres ersten künstlerischen

Anfangs eine kleine Dietrich-Gemeinde in Wien bestand (ihr Präsident war der bedeutende Psychoanalytiker und Sprachforscher A. J. Storfer und ihr Mitglied ich), die von dem erstaunlichen Broadway-Mädchen schwärmte und seine Besonderheit zu deuten suchte. Bei uns hatte das Phänomen Dietrich schon Namen und Inhalt, ehe es noch recht Gestalt angenommen und durch Leistung offenkundig geworden war. Nomina ante res, sagen die Scholastiker: Die Begriffe sind vor den Dingen da.

Es hat dann noch Jahre gedauert, bis die Filmerei den Dietrich-Typ, den Erdgeist-Typ (der nichts mit Salonschlange, Vamp oder dergleichen zu tun hat), den Typ der Frau, »deren Blick uns mit einmal trifft wie ein Ruf, wie ein Schicksal, und die zu staunen scheint über das, was sie anrichtet« (Franz Hessel) entdeckte und seine einmalige, vollkommene Verkörperung durch Marlene sich nutzbar machte.

Der Dietrich-Gemeinde sind inzwischen ein paar Millionen Mitglieder zugewachsen. Es gehören ihr alle an, die Schönheit als Glück und Verhängnis, Liebe als unentrinnbares Fatum zu erfühlen und zu verstehen im Stande sind.

MARLENE

Marlene ist ein melodischer, anmutiger Name. Er passt gut zu Erscheinung, Art und Persönlichkeit der Frau, die ihn berühmt gemacht hat. Seinem Klang verknüpfen sich heute so bestimmte Vorstellungen und Bilder, dass ihn zu nennen ohne jene heraufzubeschwören, kaum möglich scheint. Das ist der Ruhm! Zwischen einem Namen (sei es nun der richtige oder ein erfundener) und dem, der sich ihn »gemacht« hat, stellt sich ganz natürlich eine Art Beziehung her wie zwischen Münze und Prägung: Im Fall Dietrich ist wunderlicherweise der Vorname Bild-Träger der Person, die ihn führt. Die Marlene, könnte man sagen, wurde viel berühmter und populärer als die Dietrich. »Marlenesque« heißen in Film-Amerika und den umliegenden Erdteilen die Eigenheiten (oft kopiert, nie erreicht) der Diva, und wenn die Zeitungen von und zu ihr per »Marlene« sprechen, ist das nicht nur Ausdruck jener unablehnbaren Vertraulichkeit, die sich Journalisten den Opfern ihres Interesses gegenüber herauszunehmen pflegen. »Marlene«: Da ist die Linse sofort richtig eingestellt, und das Objekt, mit vielen leicht erinnerten Details, klar ins Blickfeld gerückt. Wer an Vorbestimmung glaubt und dass auch im sogenannten Spiel des Zufalls verborgener Sinn stecke, wird schon im Taufnamen der Dietrich eine charakteristische Linie ihres filmischen Schaffens, eine Schicksalslinie geradezu, vorgezeichnet sehen. Marlene, das ist in drei Silben kontrahiert: Maria Magdalena, der Name der biblischen Sünderin, der viel vergeben werden darf, weil sie viel geliebt hat. Ob der frauliche Wandel der Künstlerin ihr solchen marlenesken Anspruch auf Viel-Vergebung sichert, weiß ich nicht. Ihre schönsten, stärksten, persönlichsten, das Eigentliche der Gestalterin am reinsten widerstrahlenden Gestalten sind aber gewiss die unterm Magdalenenstern geborenen, unterm gefährlich flackernden Stern jener Magdalena, die noch von den sieben Dämonen in ihrer Brust gehetzt wird: Frauen also, denen die Liebe Atemluft ist, Entsagung Sünde wider die Natur, Untreue ein Gebot der Treue, die sie dem eigenen Selbst halten. Etwa die im Irrgarten der Liebe taumelnde »spanische Tänzerin«; oder »die fesche Lola«, von Kopf bis Fuß auf Liebe eingestellt, Verderberin im Dienst einer höheren Gerechtigkeit, ein gefallener, zur Unterscheidung von seinen weißen, reinen Schwestern: blauer Engel. Aber ein Engel quand même.

LEBENSLAUF BIS ZUR ENTSCHEIDENDEN WENDUNG

Wo der Westen Berlins so tut, als wolle er ins Ländliche übergehen (es ist aber eine Täuschung, denn diese Stadt höret, wie die Liebe, nimmer auf, und Ländliches, das ihre Polypenarme greifen, wird bald Stein und Ziegel), in der Wilmersdorfer Gegend kam Marlene Dietrich zur Welt, als Kind einer Offiziersfamilie uckermärkischer Herkunft. Sie war noch ein kleines Mädchen, als der Vater starb. Die Mutter heiratete ein zweites Mal, den Rittmeister von Losch. Er fiel 1917, bei Kowno.

Die Erziehung, die er der Stieftochter angedeihen ließ, folgte preußischen Grundsätzen: Disziplin war das oberste Gebot. Auch als Star, der sich allerlei Launen erlauben darf und erlaubt (aber nicht in jenem rücksichtslosen Ausmaß, dessen sie verleumdet wird), hielt und hält Marlene an der Auffassung von Pflicht fest, die ihr als Kind beigebracht wurde. So zart und fragil sie aussieht und ja auch ist, dank der frühen Angewöhnung weiß sie Ermüdung, die unüberwindlich scheint, zu überwinden und alle entnervenden Strapazen auszuhalten, die die Filmarbeit zumutet. Man braucht ihr dies nicht als besondere Tugend anzurechnen, denn in der Leidenschaft, mit der sie dem Beruf ergeben ist, verliert – nach einer Art von archimedischem Prinzip – das Schwere an Gewicht und das Unmögliche wird möglich. Wo Arbeit mit Wunsch-Erfüllung sich deckt, geht sie in den Zustand des Vergnügens über. Und in dessen Bezirk gelten andere moralische Wertungen als in dem der freudlosen Mühe.

Von den guten Lehren, die ihr die Mutter gab, entsinnt sie sich besonders einer, weil diese für ihre Künstlerschaft Bedeutung gewann: »Du sollst deine Gefühle nicht zeigen!« Auf der Saite »verhaltene Empfindung«

spielt die Künstlerin Marlene Dietrich die feinsten Figurationen.

Legenden von frühzeitiger Bestimmung zur späteren Größe, wie sie um die Kindheit berühmter Personen biographisch gern gerankt werden, sind aus Marlenes jungen Tagen nicht zu erzählen. Es ist von keinem Puppentheater zu berichten, mit dem sie sich manischversonnen immerzu beschäftigt hätte. Sie war ein Kind wie andere Kinder, verträumt und verspielt, brav und schlimm. Aus dem rundlichen Gesicht der Photos, die sie als kleines Mädchen zeigen, unerlässliche zwei weiße Schleifen im akkurat mittlings gescheitelten Haar, gucken verwunderte Augen, deren Blick äußerst bereit scheint, den Ausdruck der Belustigung anzunehmen. Die gleiche Lach-Bereitschaft schwebt auch um den Mund mit der kurzen Oberlippe. Es ist schwer, aus diesem sanften Mäderlgesicht etwas anderes herauszulesen als den Frieden einer geborgenen und gepflegten Kindheit, auf der der Segen zärtlicher Behütung ruht. Etwas von solcher lieblichen Infantilität, die das Antlitz ganz natürlich hatte, als es noch »rein und ohne Falte« war, ist ihm erhalten geblieben in allen Verwandlungen, die Leben und Schicksal an ihm vorgenommen haben. Ein nicht weg zu mimender Schimmer kindhafter Unschuld spielt in den Zügen der Filmschauspielerin Marlene Dietrich, auch wenn diese Züge zu Chiffren des Lasters oder der Leidenschaft, der Trauer oder des Verzichts zusammengeschlossen sind. Eben das, dieses Ineinander von Bewusstheit und Ahnungslosigkeit, von Willen und Willenlosigkeit, von Leben und Gelebt-Werden, hat ja vielen, und zwar den stärksten, darstellerischen Schöpfungen der Dietrich ihren besondersten, unnachahmlichen Reiz gegeben.

In Gefühlsnähe zu der Sphäre, die die seine werden sollte, kam das junge Mädchen, als es Filme sah, wo Henny Porten mit ihrem blonden Zauber Grafen, Baronen und edlen Gutsbesitzersöhnen Liebe ins Herz hexte. Henny Porten erfüllte im Film einen sehr bestimmten erotischen Wunschtraum des kleinen deutschen Bürgers (wie bestimmt und wodurch, das wäre in den Romanen der Courths-Mahler nachzulesen). Wenn aber die Tochter aus adeligem Hause in Schwärmerei für Henny Porten verfiel, so wohl kaum deshalb, weil sie in diesem Filmstar ihr frauliches Ideal erblickt hätte. Das Schauspiel der *Faszination*, das ihr auf der Leinwand vorgemimt wurde, dieses war es, was sie ergriff – so *sehr* ergriff vielleicht deshalb, weil es eine Ahnung der eigenen Art, der eigenen, noch nicht in die Helle des Bewusstseins getretenen Möglichkeiten weckte. Sie erlebte da, wie Blick und Lächeln, Schritt und Bewegung Zündstoff sein können, der Herz und Sinne, darein er fällt, in Brand setzt. Sie sah das Wunder der *Wirkung*, und das Entzücken ob dieses Wunders übertrug sich auf die Person, die es übte. Man kann nicht sagen, dass für den Backfisch Fräulein von Losch, für Marlene Dietrich »im Puppenstand« also, Henny

Porten ein untaugliches Objekt erster Kunstbegeisterung und frühen Nacheiferungswillens gewesen wäre. Die Porten hatte Persönlichkeit, Temperament, Geschmack. Sie entsprach durchaus dem Bild der holden Frau, wie es in hunderttausend deutschen guten Stuben als Öldruck überm Vertikow hing (allem Ansturm entarteter Kunst trotzend), aber als filmische Gestalterin des Typs entsüßte sie ihn durch ihren frischen, naturhaften, oft auch derb zugreifenden Humor. Es war schon von ihr zu lernen, wie eine Frau, ohne ihren Reiz bewusst auszuspielen, nur eben dadurch, dass sie ihn hat, Leidenschaft weckt; und zur Liebe verführt, ohne Künste der Verführung zu gebrauchen. Marlene Dietrich hat diese Technik der absichtslosen Wirkung, des Verzauberns ohne bewusst angewandte Magie, bis zur letzten Feinheit entwickelt.

Die Begabung, die sie am frühesten zeigt, ist die musikalische. Der Musik gilt auch das leidenschaftlichste Interesse ihrer jungen Jahre. Sie erhält Klavier- und Violin-Unterricht. In Weimar, wohin sie zur gründlicheren musikalischen Ausbildung geschickt wird, hat sie, allzueifrig in der Schule der Geläufigkeit, das Pech, sich eine Entzündung des Handgelenks zuzuziehen. Aber was uns im kleineren Zusammenhang Fluch dünkt, offenbart sich oft später im größeren als Segen. Dass Marlene ihr Musikstudium aufgeben und nach Hause zurück musste, biegt ihre Lebenskurve in die entscheidende Richtung. Ihre Lieblingsbeschäftigung wird jetzt: Lesen. Was ihr gefällt, lernt sie auswendig. Sie spricht einmal Hofmannsthals »Der Tor und der Tod« laut vor sich hin, verliebt sich in den Klang der Verse und ist sehr gerührt über die Rührung, die ihr Mund ihrem Ohr bereitet. Es muss schön sein, auch andere so in Rührung zu bringen ... und deshalb will sie nun Schauspielerin werden. Die Lehrer der Theater-Schule Reinhardt, wo sie zur Aufnahmsprüfung antritt, sind geteilter Meinung über das Talent der Kandidatin. Eigenart ist da, gewiss, aber Betonung, Gebärde, dramatischer Ausdruck: Da steckt alles noch im Arg-Dilettantischen. Man lässt sie das Gretchen sprechen, Gretchen in der Kirche. Dazu muss Marlene niederknien. So etwas Pathetisches vom Fleck weg, solche Ergriffenheit auf Kommando, das ist ihr wider die Natur. Also macht sie's auch unnatürlich. Die Prüfer zögern mit der Entscheidung. Schließlich schickt man sie weg, mit guten Worten, Ermahnungen und jenem Zuspruch, der in keiner Lebenslage fehl am Platz sein kann, nämlich: den Mut nicht zu verlieren. Marlene verliert ihn nicht. Abweisungen, Bagatellisierungen ihres Ehrgeizes, auch den Rat, vom Theater abzugehen, schluckt und verdaut ohne Schaden ihr kräftiger Glaube an sich und ihre Zukunft. Sie spielt, was es für eine hübsche, auch in der geringsten Aufgabe ambitionierte Anfängerin auf der Bühne und im Film zu spielen gibt. Manchmal ein Wetterleuchten von Erfolg. Manchmal Stimmen, dass in dieser aparten Frau schauspielerische Möglichkeiten lägen, die zu entdecken und entwickeln sich lohnen würde. Aber es wird noch eine gute Weile dauern, bis Marlene es »zu etwas bringt«.

Vorläufig bringt sie es zur glücklichen Ehefrau. Sie lernt den Film-Produktionsleiter Rudolf Sieber kennen und heiratet ihn. Ein Jahr später hat sie die Rolle, die ihr bis heute die liebste ihres Lebens geblieben ist: die der glücklichen Mutter. Ein Mädchen. Es erhält den zärtlichen Namen Heidede.

Man wagt den Versuch, Marlene eine größere Partie in einer Revue (mit bezaubernder Musik von Spoliansky) »Es liegt in der Luft« zuzuweisen. Der erste, richtige, zeitungslaute Erfolg. Im Hauptschlager der Revue, in dem frech-originellen Duo »Wenn die beste Freundin mit der besten Freundin ...« hat die Dietrich eine Partnerin, Margo Lion, zu deren witziger, exzessiver Schärfe das Sinnlich-Weiche, Bedrohlich-Ruhige der Dietrich den reizvollsten Gegensatz bildet. Berlin, mit seinem Spürsinn für das, was gelten wird, wittert, dass da eine Figur auf dem Kunst-Tapet erschienen ist, über die es sich empfiehlt, so zu sprechen, dass man später würde sagen können: »Nun, was habe ich schon damals gesagt?« Sie erlebt die ersten Freuden der Popularität: für den Künstler, der vom Ruhm träumt, besonders für den Schauspieler, vermutlich etwas so Erregendes und Schönes, wie für gewöhnliche Menschen die erste Liebe.

Dass ein Gesicht wie das ihre, nun gar, da dessen

Trägerin einen oft und mit vieler Erwartung genannten Namen führt, von den Menschenfischern des Films nicht übersehen wird, ist selbstverständlich. Marlene filmt. Sie filmt die elegante Verführerin, deren Lieblingsspaziergang der über Leichen ist, den Vampir, abgekürzt: Vamp, auf schwellende Kissen hingeschlängelt à la serpent, der Gentlemen das Blut oder zumindest das Geld aussaugt (was in den meisten Fällen das Gleiche ist), kurz die so unwiderstehliche wie kalte und böse Frau, bei deren Anblick das Männerherz an das Frackhemd klopft wie das Schicksal an die Pforte, und selbst Helden das erotische Gruseln lernen. Der Film hat (es war kein Kunststück) die eine Kraftlinie ihrer Eigenart: das Verschlossene, Rätselvolle, Dunkel-Gefährliche entdeckt und nötigt Marlene, sich als Virtuosin im Spiel auf dieser einen Saite zu spezialisieren. So wird sie auch vom breiten Kinopublikum, das wissen will, was es zu erwarten hat, auf den Vamp-Typ festgelegt, und in den seltenen Fällen, wo sie nicht als schönes Ungeheuer, das seinen mörderischen sex-appeal spielen lässt, auf der Bildfläche erscheint, sind die Leute enttäuscht und pfeifen.

Erst der letzte (und beste) Stummfilm der Dietrich, »Die Frau, nach der man sich sehnt«, gibt ihr Gelegenheit, das Schema, in das sie hineingezwängt worden war, zu durchbrechen. Da hatte sie schon das schmerzlich-süße Lächeln der »femme fatale«, der vom Schicksal gezeichneten Schicksalsbringerin, und ein Abglanz des tragischen Sterns, vorbestimmend Weg und Ziel, lag auf der zart gewölbten Stirn. Die trug sie damals noch nicht frei, das gelöste Haar fiel, wie es fallen wollte, seitlich bis auf die Brauen hinab, ein Schleier über dem unsichtbaren Schleier, der, von Blick und Miene gewoben, für das Dietrich-Gesicht so charakteristisch ist. Später wurde der Schleier aus Stoff ein von ihr – und ihrem Regisseur Sternberg – oft und gern gebrauchtes Stilmittel, um die Note Geheimnis in der Melodie des Gesichts zu verstärken. In diesem letzten Stummfilm zeigt das Spiel der Dietrich schon das Neben-Einander von Intensität und Unbeteiligtheit, das später, in eins zusammenfließend, ihren Film-Gestalten das Verwirrende, Berückende geben wird. Da ist ihr Tun ein unentrinnbares, sich allen Urteilen und Vorurteilen entziehendes Müssen, ihr Wille Gehorchen. Der Befehl kommt aus unerspähbarer Ferne, für die wir Namen haben wie: Fügung, Bestimmung, Schicksal.

Von den Großen darstellender Kunst wird gerühmt, dass sie der Rolle, die sie verkörpern, Klang und Farbe wahrhaftigen Lebens zu geben wissen. Die Dietrich kommt (in ihren Höchstleistungen) von so erspielter Wirklichkeit und Wahrheit um eine Spiralwindung weiter. Da scheint dann das vorgelebte Leben als Rolle, vom Fatum zugeteilt im Sinn eines unabänderlichen dramatischen Plans, den zu erfüllen der Spielerin Handlungen aufgetragen, Worte in den Mund gelegt sind.

Die »Frau, nach der man sich sehnt« bedeutete für Marlene einen Höhepunkt, aber anscheinend auch den Abschluss ihrer Kino-Carrière. Die Sterbestunde des stummen Films hatte geschlagen, der Tonfilm war zur staunenden Welt gekommen. Er brauchte Stimmen. In seinen Anfängen war ihm die Kehle wichtiger als die Seele. Was nützte nun interessante Erscheinung, ausdruckssatte Gebärde, bewegtes Mienenspiel, wenn das schöne, volle, tragende Sprech-Organ fehlte? Marlene durfte wenig Hoffnung haben, dass ihre Stimme, deren verschleierter Klang auf das Ohr so wirkt wie auf das Auge Zwielicht, Gnade finden könnte vor dem erbarmungslosen Mikrophon.

Man hatte sie, in Berlin, inzwischen wieder zu einer Revue geholt. Das Ding – mit Gesang, Tanz und sozialer Note – hieß »Zwei Krawatten«. Und so ähnlich war es auch. Ein dem Entschluss zum Übermut, zur »dollen Sache«, mühsam abgequältes Produkt. Unter den Zuschauern der Erstaufführung langweilte sich auch ein Mann, der das nicht gerne tat: der vor kurzem aus Amerika heimgekommene Filmregisseur Josef von Sternberg. Er hätte ja nicht bis zum letzten Fallen des Vorhangs bleiben müssen, aber da war auf der Bühne diese Schauspielerin Dietrich. Dass ungewöhnliche Schönheit ihn, Künstler und noch dazu Wiener!, fesselte, versteht sich von selbst; es ist ja weniger unmöglich, von [Edgar] Wallace als von Marlenes Erscheinung nicht gefesselt zu werden. Auch dass ihr Talent seiner Aufmerksamkeit nicht entging, bedarf keiner besonderen filmhistorischen Erwähnung. Natürlich musste ein so empfindlicher und durch Übung verfeinerter Sinn für künstlerischen Wert wie der Josef Sternbergs von der Begabung der Dietrich stark angerührt werden. Aber er hatte schon viele schöne Frauen gesehen und viele talentierte Frauen und viele schöne talentierte Frauen, ohne dass ihn Entdecker-Fieber gepackt hätte. Hier geschah das. Hier war die Frau, nach der man sich sehnt, wenn man Filmregisseur ist und auf der Suche nach einer Darstellerin für die traurigfesche Lola in dem Film, der »Der Blaue Engel« heißen wird. Es waren nicht nur Erscheinung und Talent der Dietrich, die Sternberg vermuten ließen, durch sie würde seine künstlerische Vision, die Gestaltung der Lola betreffend, sich realisieren lassen. Ihm fiel auf, dass Marlene, wenn sie auch an dem Unsinn der Revue getreulich-munter mithalf, doch mit einer gewissen inneren Reserve bei der zweifelhaften Sache war. Sie hatte gleichsam eine feine Schutzhülle von Geringschätzung umgetan, durch die sie sich von der ganzen Angelegenheit wie auch von der Aufgabe, die ihr dabei zugewiesen war, distanzierte. Daraus schloss der Mann vom Film auf geistigen Anspruch, der in der Schauspielerin lebendig sein und sie zur Leistung besserer künstlerischer Arbeit befähigen mochte. Was aber sein Tonfilmregisseur-Herz lebhaftest entzückte, war die erstaunliche Identität der Eindrücke, die Aug' und Ohr von

Marlene empfingen. In der Tat: Der Besonderheit der Erscheinung und des Wesens dieser Frau entspricht genauest die Besonderheit ihrer Stimme. Das gleiche irritierende, schwer fassbare, ganz persönliche Etwas, das Blick, Miene, Haltung, Gebärde widerspiegeln, spiegeln auch Ton und Tonfall wider; in der Stimme Marlenes wird sozusagen das Bild Marlenes Klang. »Ihr Schritt flüstert von ihrer Seele«, sagt der Dichter Jens Peter Jacobsen von seiner wunderbaren Heldin Marie Grubbe. Eine ähnlich feine Formel hätte ich gern für die Wirkung von Marlenes Stimme gefunden ... aber solche Sätze fallen vom Himmel. Anders bekommt man sie nicht.

Auf dem Toilettetisch der Dietrich lag nach der Première der »Zwei Krawatten« ein Kärtchen, womit sie gebeten wurde, bei Herrn von Sternberg in den Bureaux der Ufa vorzusprechen.

EINER GEGEN ALLE

In der Ufa – der Name klingt wie der einer Figur aus der »Edda«, aber zu einer solchen wurde die Universal A.G. erst später – war man mit den Vorarbeiten zu einem Film nach Heinrich Manns großartigem Roman »Professor Unrat« beschäftigt. Ein heikler Stoff: der ältliche, tückische Schulfuchs, mit allen üblen Salben der Duckmäuserei und Spießerei geschmiert, eine verkrüppelte, dumpfe Seele, die sich für so karge Behandlung durch das Schicksal an jedem besser Bedachten zu rächen suchte, solcher Teufel in Kleinbürger-Format unterliegt den Reizen und der »Reizwäsche« (wie man graziös in Berlin sagt) einer Tingltangl-Dirne, heiratet sie und geht an ihr zu Grunde. Sternberg hatte übernommen, den gewagten Vorwurf filmisch zu gestalten. Für den Professor war der Darsteller gefunden: Emil Jannings; und ein Jannings-Film sollte der »Blaue Engel« auch werden. Er wurde aber, wie wir wissen, durchaus ein Dietrich-Film. Immerhin, Jannings war großartig als Professor Unrat. Besonders für das Menschlich-Schäbige, zwischen Gier-Befriedigung und Würde-Wahrung Schwankende der Figur fand er Ausdrucksmittel von so elementarer Kraft, dass man an eine naturgegebene Beziehung des Darstellers zur Rolle hätte glauben können.

Für die Lola war eine vortreffliche, reizvolle und begabte Künstlerin ausersehen, Fräulein M. Sie hat seither ihren eignen Weg aufwärts gemacht; und es, nobel denkend, niemand nachgetragen, dass ihr damals eine andre vorgezogen wurde, zumal da sich diese andre als Ideal-Besetzung erwies, als Erfüllung des anspruchsvollsten Wunschtraums, die Deckung von Rolle und Darstellerin betreffend.

Marlene war, im ersten Gespräch mit Sternberg, von Kopf bis Fuß auf Verlegenheit und Schüchternheit eingestellt. Warum man sie hergebeten habe? Vielleicht, um ihr die Hauptrolle in dem neuen Ufa-Film zuzuteilen! Sei das ein boshafter Scherz? Durchaus nicht; die Entscheidung hänge von Probe-Aufnahmen ab. Die Dietrich bekommt es mit der Angst. Sie hält für ihre Pflicht, nicht zu verschweigen, dass sie im Kino schon oft Misserfolg gehabt hat, auch schon ausgepfiffen worden ist.

Dann steht sie, filmgerecht geweißt und gefärbt, vor der Kamera und soll etwas singen. Sie hat Jupiterlampenfieber. Sie singt mit belegter, vor Aufregung blechern klingender Stimme: »Wer wird denn weinen, wenn man auseinandergeht?« Vielleicht hat sie, selbstbewusst bei aller Bescheidenheit, das Lied mit diesem Text gewählt, um – ohne zu wissen, dass sie's deshalb tat – gleich anzudeuten, sie werde es schon überleben, auch wenn sie nicht gefalle.

Sternberg gefällt sie über die Maßen. Parlament, Senat, Volk und Ministerium der Ufa waren nicht seiner Meinung. Die leitenden Köpfe des Unternehmens – Kopf als pars pro toto zu verstehen – votieren, nachdem sie die Probeaufnahmen Marlenes und der andern Kandidatin mit Fleiß betrachtet haben, für Fräulein M. Einstimmig.

Sternberg, der die volle Verantwortung zu tragen hatte für den »Blauen Engel«, für den gewaltigen Aufwand an Zeit, Geld, Arbeit, für das schwere künstlerische und geschäftliche Risiko, das solcher Film bedeuten musste, entschied: »Also, die Dietrich!«

Er ist, was man hartköpfig nennt oder, um eine Schwebung gemütlicher: ein Dickschädel. Ein Schwärmer, mit allen Sicherungen regulierenden Verstandes. Ein Romantiker mit ausgeprägtem Wirklichkeitssinn. Als Regisseur ging er schon in seinen ersten Arbeiten durchaus eigene Wege. Er, früher als andere, hat den Stimmungswert der Synkope für den Ablauf des Filmbildes erkannt, den Reiz der Akzent-Verlagerung auf den unbetonten Taktteil. Seine Szenen sind dicht, niemals leer. Es ist wenig Luft in ihnen, aber viel Atmosphäre. Hart im Raume stoßen sich da die Sachen, die bei Sternberg mehr sind als Requisiten und Natürlichkeits-Attrappen, nämlich stumme Mitspieler im Spiel, zu dessen Menschen sie in einer charakteristischen, charakterisierenden Beziehung stehen. Sternberg weiß dem Raum schon durch den Wechsel von Helligkeit und Dunkel eine Art dramatischer Spannung zu geben, durch vielfach unterbrochene, beunruhigend halbe Belichtung die Struktur des Filmbildes aufzulockern (vielleicht allerdings sind das auch Verdienste des Kameramannes). Für den Zauber getreuer Wirklichkeit, gewiss der stärkste unter allen Zaubern, die der Film zu üben vermag, hat dieser Regisseur viel übrig; aber seine wahre Liebe scheint doch der (durch Übersteigerung) ins Unwirkliche gerückten Wirklichkeit zu gehören. Den Schauspielern ist Sternberg, sie sagen's selbst, ein großartiger Helfer. Er befreit und treibt sie zu ihren besten Möglichkeiten. Marlene spricht von ihm wie

Brünnhilde (mit der sie sonst nicht die leiseste Ähnlichkeit hat) von Siegfried: »Der Wecker kam!«

Das sagt zwar Siegfried selbst, aber ob dieser oder jene: Jedenfalls stimmt es.

DER »SEX APPEAL«

Marlene Dietrich hat ihn nicht entdeckt oder erfunden, aber sie ist gewiss das meistzitierte Beispiel zur Anschaulichmachung des Phänomens. Man nennt *sie*, wenn es gilt, von dem Begriff einen Begriff zu geben.

Sex appeal ist heute ein lächerliches (auch bereits zu Tode gewitzeltes) Wort, aber es war damit immerhin für eine kaum zu präzisierende Erscheinung der präzise Ausdruck gefunden, etwas schwer zu Fassendes ins Wort gefasst. Sex appeal nennt eine der wesentlichen geheimnisvollen Ursachen, von denen (in die Kette klar erkennbarer Ursachen eingewoben) die Wirkung des Menschen auf andere Menschen bestimmt wird. Zur genauen Kenntnis und Erkenntnis dieser Ursache wird erst eine künftige Wissenschaft, die von den Strahlungen des Individuums, verhelfen. Jedenfalls: Mit einem Appell an den Sexus, mit einem An- und Aufruf des Geschlechts im Sinn der Trieb-Reizung, hat der recht verstandene sex appeal nichts zu tun (oder, um nicht zu untertreiben: wenig). Als Beweis mag gelten, dass dem besonderen Zauber des mit sex appeal begabten Menschen keineswegs nur Personen anderen Geschlechts unterliegen; in das feine silberfädige Netz, das solche Begabung um den Begabten wirkt, gehen Männchen und Weibchen mit gleicher Willigkeit. Es ist ein Etwas *über* aller Schönheit, Anmut und Begabung, das eine Frau wie Marlene Dietrich so anziehend macht auch für Frauen, ein beunruhigender, nicht restlos in die Kategorie »ästhetisch« einzuordnender Reiz, dem sich völlig zu entziehen auch dem Widerspenstigen kaum gelingt. Natürlich ist es ein erotischer Reiz, aber einer, in dem sinnliche und seelisch-geistige Elemente unlösbar verbunden ihr Kräftespiel spielen.

Anziehende Wirkung des Nebenmenschen, die man nicht definieren kann, sieht man als sex appeal an. Er weckt Unruhe, Sympathie, Neugier; und auch, kann sein, einen oder anderen Dämon aus dem Schlaf. Er bringt in Stimmung – das Wort nach seinem musikalischen wie gefühlsmäßigen Sinn verstanden. Er ist kein Vorrecht des Menschen. Auch im Unbelebten, auch im Unbeseelten kann er sich offenbaren. Eine Landschaft kann sex appeal haben, ein Kunstwerk, ein Sommerabend, das Geräusch des Meeres, der Gedanke an den Tod, eine Handschrift, die Stille, die Tiefe.

Die Filmschauspielerin Marlene Dietrich ist dieser geheimnisvollen Anziehungskraft in hohem Maße teilhaftig. Sie wirbt ohne Spur werbender Bemühung, lockt und verlockt ohne Absicht oder Wunsch, so zu tun. Auf dem Erregenden, das von ihr ausgeht, ruht der

Zauber der Unwillkürlichkeit. »Es liegt in der Luft« (wie die Revue hieß, in der die Dietrich, damals noch nicht filmbekannt, entzückte), es liegt in der Luft um sie ein Irritierendes, das, so deutlich zu spüren wie leider nur undeutlich zu erklären, vielleicht auch Widerstand, Ablehnung oder Ähnliches aufkommen lassen mag, aber bestimmt nie Gleichgültigkeit. Im Dreiklang: Erscheinung, Bewegung, Stimme (im Fall Dietrich ein Moll-Dreiklang) schwingen Obertöne mit, die das Nervensystem so stark wie angenehm erregen. Sex appeal. Er bringt unser Blut ins Träumen.

In der guten alten Zeit nach der Inflation und vor der großen Krise hatten die mitteleuropäischen Psychoanalytiker viel zu tun. Die Atempausen, die ihnen der Andrang von Klienten ließ, mussten sie nützen, um sich über die Spaltungen und Sektenbildungen in ihrer Wissenschaft halbwegs auf dem Laufenden zu halten. Und so kamen die Beklagenswerten nie ins Kino. Aber als »Der blaue Engel« über die Leinwände der zivilisierten Welt schwebte, *mussten* sie sich Zeit nehmen für einen Kinobesuch, weil ihnen anders ein wichtiger Chiffren-Schlüssel, die Seelenrätsel ihrer Patienten zu enträtseln, gefehlt hätte: So häufig nämlich spukten in den Wach- und Traum-Beichten, die sie zu hören bekamen, Mienen, Gebärden, Tonfall der »feschen Lola«.

SPRUNG NACH OBEN
(»Der blaue Engel«)

Die Ufa hat die Kopien des Films, der den größten Welterfolg ihrer Firma bedeutete, des Dietrich-Films »Der blaue Engel«, soweit sie dieser Kopien noch habhaft werden konnte, eingezogen und vernichtet. In der strammen Periode, in der sie sich gezwungenermaßen derzeit befindet, will sie (und sollen andere) von ihrer lockeren Vergangenheit nichts mehr wissen.

»Der blaue Engel« entspricht in der Tat wenig dem Kunst-Geschmack, der im heutigen Deutschland Vorschrift ist. Eine Dirne als Heldin: schon das ungeheuerlich genug. Und wie diese Dirne in Aussehen, Gang, Haltung, Kleidung bekennt, dass sie eine ist! Besonders in der Kleidung, die nur da zu sein scheint, um das, was sie unbedeckt lässt, zu pointieren. Die Beine sichtbar in ihrer ganzen himmlischen Länge (für den armen Professor Unrat wahrlich Beine, die in den Himmel wachsen); bis zur Oberschenkelmitte stecken sie im schwarzseidenen Futteral der Strümpfe, wo diese enden, ladet die weißeste Nacktheit den Blick zum Bade, darüber etwas wolkiges Stoff-Zeug unterm hochgerafften Kleid, das Hals und Arme frei lässt. So, einen kühn geschwungenen Hut mit herabhängender Riesen-Feder auf dem locker in die Stirn fallenden Haar, steht sie am Klavier, Lola, die Attraktion des Tingltangls »Zum blauen Engel«, beide Hände in die Hüften gestemmt, höchst teilnahmslose feurige Blicke werfend, und aus ihrem auf lasterhaft zurechtgeschminkten Mund kommt, dünn und grau wie Zigarettenrauch, eine unpersönliche, eine gelangweilte Stimme, die beteuert:

»Ich bin von Kopf bis Fuß auf Liebe eingestellt,
Denn das ist meine Welt,
Und sonst gar nichts.«

Aber nur gemeine Blicke konnten über dem Gemeinen der Erscheinung ihr sehr Ungemeines übersehen. Die Kunst der Dietrich hob das Geschöpf, das da auf der Filmfläche seine Reize zur Schau stellte, in eine Sphäre, wo das Anstößige nur noch eine Farbe im Bild war, als solche nicht der moralischen, sondern allein der künstlerischen Wertung unterliegend. Sie wirkte mit keiner Bewegung, mit keiner Miene – so gewagt die Bewegung und herausfordernd die Miene waren – unästhetisch. (Das könnte sie gar nicht, selbst wenn sie es wollte.) Mit ihrer Schönheit und Anmut ging das Freche keine Verbindung ein: Es war da, aber als ein nicht wirklich zu ihr Gehörendes, als ein Kostümstück, das mehr rührend-lächerlichen als verletzenden Eindruck machte. Die Persönlichkeit der Darstellerin sublimierte die Rolle. Alles Unsaubere der Figur löste sich im kindlichen Wesen, das Marlene ihr gab, verlor seine Geltung als Charakterzeichen, wurde Spiel. Von dieser putzigen Verspieltheit, mit der die Dietrich im »Blauen Engel« das Geschäft der Männer-Anlockerin und -Verderberin betreibt, hat der Dichter Franz Hessel eine unübertreffliche Schilderung gegeben. Da sie unübertrefflich ist, hätte es wenig Sinn, sie hier durch eine, die eben schwächer geraten müsste, zu ersetzen:

»Wenn sie sich im Blauen Engel als Chansonette in der bretternen Garderobe am derben Toilettentisch, auf dem die Biergläser der hoffnungsvollen Gymnasiasten herumstehn, vor drei kleinen Handspiegeln zurechtmacht, Puderperücke und Dreispitz aufprobiert oder das Kleidchen überzieht, dessen Reifrock vorn so rührend lasterhaft hochgeschlagen ist, wenn sie sich brav die erforderlichen Laszivitäten zurechtrückt oder anmalt, dann wird dies sündhafte Unternehmen ein niedliches Spiel, dessen Reizen wir erliegen wie der puderbespritzte Professor, der ihr hingerissen zuschaut und aus einem lüsternen Pedanten ein kleiner Junge wird, der mitspielen möchte. Die schmale Wendeltreppe, die sie hinaufschlüpft und hinunterhüpft, wird ein Turnvergnügen, die ganze Bretterbude Puppentheater. Nichts kann auflösender, destruktiver, dämonischer wirken, als der Verzicht der Dietrich auf alles Dämonische als die Kinderstubenverwirrung und Kinderstubenordnung des Daseins, das sie vorgaukelt. Solchen Zauber konnte nur eine Frau mit viel geretteter Kindheit üben.«

Und weiter:

»... das enge Gelass ihrer Garderobe mit Dosen, Schminktöpfen und lungernden Kleiderfetzen, die billig phantastischen Kostüme, die sie mehr enthüllen als bekleiden, abgespreizte Reifröcke, zu kurze Flimmerschöße, hosenmatzige Dessous, all dies drängt und hängt frech armselig um ihre schamlos und unschuldig preisgegebene Schönheit. Was sie auch anstellen mag, sie wird immer schöner. Das Lasterhafte, das sie mit ganz kleinen Gesten betont, wirkt aufreizend und befriedigend zugleich. Es ist wie in dem Paradiesgedicht des Westöstlichen Diwans:

> ›Mit den Augen fängst du an zu kosten.
> Schon der Anblick sättigt ganz und gar.‹

Sie ist nicht nur ihrem besonderen Opfer, sie ist der ganzen Welt die bona meretrix, die gütige Buhlerin, sie gibt sich ohne Ansehen der Person,

> ›jedem hat sie sein Verlangen
> aufgehoben zu genießen‹,

sie ist Gottesgeschenk und Teufelsmesse. Und wie Aphrodite aus dem Meeresschaum steigt sie rein aus dem Schlamm der Begierden, die zu ihren Füßen stranden und singt dazu mit Menschen- und Engelszungen und etwas berlinerisch:

›Ich bin die fesche Lola,
der Liebling der Saison,
Ich hab' ein Pianola,
zuhaus in mein' Salon ...‹«

Nicht einen Augenblick haben wir die Empfindung, dass diese Lola es böse meint. Ein bezaubernder Zug von Mütterlichkeit ist in der Art, wie sie den ihren Reizen verfallenen lächerlichen Professor behandelt und unterweist, damit er sich in ihrer Welt absonderlicher Moral- und Pflicht-Begriffe zurecht finde. Keine Komödie ist es, wenn sie treuherzig zu dem würdigen Herrn im Bratenrock aufblickt, der sie für wert hält, seine Frau zu werden. So weit sie kann, versucht sie's mit der bürgerlichen Manier und Haltung, und da es ihr durchaus nicht recht gelingen will, ist sie ehrlich unzufrieden mit sich. Sie hat nicht nur Gutmütigkeit, sondern fast etwas wie echte Güte für den Mann, der so närrisch ist auf sie – aber verstehen kann sie's dann doch nicht im Allermindesten, warum er an ihr elend zugrunde geht. In ihrem, von Gefühl wenig durchwärmten, Daseins-Bezirk gewohnt, Unabwendbares wurschtig zu dulden, nimmt sie die Katastrophe, die über den wunderlichen verliebten Schulmeister hereinbricht, mit einem fatalistischen »Da kann man nichts machen« hin. Sie geht über Leichen, freilich; aber nicht, um zu einem Ziel zu kommen, sondern weil die Leichen – kann sie etwas dafür? – auf dem Weg liegen, den entlang sie, ein Mensch im Geschirr, folgsam und gedankenlos ihren Karren zieht.

Im Jahr 1930, Anfang April, wurde der Film zum erstenmal gezeigt. Im Berliner Gloria-Palast. Der Triumph Marlenes war ein vollkommener. Man könnte sagen: Sie kam, wurde gesehen und siegte. Sie befriedigte den einfachsten wie den feinsten Kunst-Geschmack. Sie wirkte wie Maja, die vieldeutige, in deren Erscheinung jeder, und jeder anders, die Frau zu erkennen glaubt, von der seine Wünsche träumen. Sie erregte das Entzücken der Vielen, die sich den sinnlichen Wundern des Films ohne geistigen Vorbehalt ergeben, und das Entzücken der Wenigen, die auch ins Kino ihren künstlerischen Anspruch mitbringen.

Schon während der Aufnahmen zum »Blauen Engel« hatte Sternberg Marlene für seine amerikanische Produktion verpflichtet. Am Abend der Première trat sie die Reise nach Hollywood an. Sie saß schon im Bahncoupé, als noch die Menge im Gloria-Palast wieder und wieder nach der Dietrich rief, ihr für das Erlebnis des Abends zu danken.

Das Gleiche wiederholte sich kurioserweise Monate nachher in New York, bei der dortigen Erstaufführung des »Blauen Engel«, der ihren durch den Film »Marokko« erworbenen jungen amerikanischen Ruhm glanzvoll bestätigte: auch an jenem Abend fuhr Marlene (nicht gern vermutlich) der Begeisterung, die ihr galt, davon. Damals ging die Reise heimatwärts.

DAS GESICHT

Das Gesicht der Dietrich ist oft in Worten nachgezeichnet worden, zuweilen in sehr farbigen und anschaulichen. Hoffnungslose Konkurrenz gegen Bild und Photo, die doch in nicht zu übertreffender Unmittelbarkeit und Eindringlichkeit von ihrem Gegenstand erzählen? Ja und nein. Sicher wird auch das schlechteste Dietrich-Bild seinen Betrachtern zu einer klareren Vorstellung des Marlene-Gesichts verhelfen als die gründlichste literarische oder selbst dichterische Studie über dieses deren Lesern. Den Wunsch, diesem Antlitz dennoch mit dem Wort beizukommen, weckt (und rechtfertigt) das zur Deutung Lockende in ihm. Es ist ein Gesicht, das nicht nur das Auge, sondern auch den Geist lebhaft anspricht. Es steckt mancherlei dahinter, und mancherlei in seiner Tiefe, von dem an die Oberfläche nur so viel Botschaft gelangt, wie sie vom bewegten Meer der letzte weiche Wellenschlag an die Küste bringt. Das Hintergründige und Tiefgründige solchen Gesichts wiederzugeben vermag kein Photo. Der Maler, sofern er ein Genie wäre, könnte es. Der Dichter vielleicht auch. Der Schriftsteller kann nur getreuer Übersetzer des Optischen ins Sprachliche sein.

Das Gesicht der Dietrich ist – dies vor allem – ungewöhnlich. Man hat es wirklich noch nie gesehen, wenn man es zum ersten Mal sieht. Und man sieht es immer wieder, ein paar Mal zumindest, zum ersten Mal. (Wie

Nietzsche vom »Meistersinger«-Vorspiel sagte, dass er es immer wieder zum ersten Mal höre.)

Marlene sieht niemand ähnlich, so viele auch, seit sie in Film-Erscheinung getreten ist, ihr ähnlich sehen. Ein englischer Poet, freilich ein gewaltiger Paradoxist, hat behauptet, das Klima eines Landes werde durch dessen Dichter und Maler verändert, und dass also zum Beispiel die Luft Londons sich allmählich der Luft, wie Whistler sie malte, angepasst habe. Hinter dem verwegenen Aperçu steckt eine kleine Wahrheit oder zumindest Wahrscheinlichkeit: nämlich die, dass das an Whistlers Bildern erzogene Auge nun Tönungen der Londoner Atmosphäre wahrzunehmen vermochte, die es früher nicht zu bemerken im Stande war. So entdecken wir jetzt in manchem Frauenantlitz Züge, die uns, ehe wir das der Dietrich kannten, nicht aufgefallen wären. Es gibt heute – von den bewusst gewollten Kopien abgesehen – viele Gesichter à la Marlene, viele Mienenspielplätze nach ihrem Muster und in ihrer Art; der erwähnte englische Poet würde sagen: Die große Filmerin hätte der weiblichen Physiognomie neue Züge beigebracht.

Die Erklärung, warum wir dieses Gesicht immer neu, »zum erstenmal«, sehen, liegt in seiner Originalität, einer Originalität, die der Auflösung durch Gewohnheit großartig widersteht; und in seiner ungemeinen Veränderlichkeit. Es sind viele Gesichter in dem einen Gesicht, und nicht im geordneten Nacheinander, das sich aufblättert wie Seiten eines Buches, kommen sie zur Erscheinung, sondern, um es auf filmisch zu sagen: übereinander kopiert, in einer sehr verwirrenden Montage. Umso stärker dann die Wirkung, wenn sich dieses schwankende Gesicht, von einem einzigen Gefühl überwältigt, ganz und gar zu diesem Gefühl bekennt, wenn, was sonst drin spielt, von der mimischen Szene sich zurückzieht, allen Platz dem Ausdruck der einen Empfindung überlassend, die nun das Antlitz beherrscht wie die Seele, deren Spiegel es ist.

Das Gesicht der Dietrich fesselt durch die eigenartige, fremdartige Harmonie seiner Linien. Kein glattes Wohlbild der Züge (um ein Wort nach Analogie von Wohllaut zu gebrauchen), wie es das vom Durchschnittsgeschmack als »schön« bewertete, zu Zwecken der kosmetischen Reklame taugliche Gesicht kennzeichnet. In Marlenes deutschestem Gesicht sind slawische Züge, ist Strenges und Zartes, Energie und Weichheit. Hohe, durchmodellierte Stirne, kräftige Backenknochen über der leicht gehöhlten schattigen Mulde der Wangen, ein sanftes, kindliches Kinn, die Nase schmalrückig mit breiten Flügeln, der Mund ein Mund, kein Mündchen, die Augen, von dem Bogen, der die Braue trägt, so überwölbt, dass ihr Blick immer aus der Tiefe zu kommen scheint. Von Ekstase bis zur vollkommenen Gleichgültigkeit ist dieses Gesicht jeder Expression, vom Hochmut bis zur Demut jedes Charakters, von Teufelei bis zur engelhaften Güte jedes Reflexes seelischen Zustands fähig. Aber durchscheinend durch all seine mimischen Wahrheiten und Masken wie das Wasserzeichen durch das Papier, unüberdeckbar selbst vom Hochglanz der Freude, trägt es das Signum geheimer Lebensangst. Die Grundmelodie, bald leise, bald stärker, aber nie völlig überhörbar aus den Zügen dieses Gesichts tönend, heißt: Verlorenheit, Verlorenheit in der Welt, in der Liebe, im labyrinthischen Schicksals-Plan. Es ist das Gesicht eines Menschen, über den verhängt wurde, das Leben immer ein wenig als Exil zu fühlen. Mag sein, gelegentlich als äußerst vergnügtes Exil. Aber die Heimat ist anderswo.

DIE STIMME

Wie Marlene geht, sich bewegt, so geht, bewegt sich nur, wer »Musik hat in ihm selbst«.

Ihre Filmgestalten weisen eine musikalische Linie auf, ihre Gebärden- und Mienensprache, auch die scheinbar unbeherrschte, weckt den Eindruck, als müsste sich vieles davon in Notenschrift fixieren lassen. Und das Spiel der Dietrich hat jene Ordnung im Wechsel, die man: Rhythmus nennt.

Die paar Liedchen, die sie in ihren Filmen sang, verdankten allein Marlenes Stimme und Vortrags-Eigenart Weltpopularität von ein paar Jahren – für derlei Eintagsgeschöpfe eine Ewigkeit.

In unserer Darstellung wurde schon davon gesprochen, wie erstaunlich gut sich diese Stimme in das Ensemble der Erscheinung: Dietrich füge. Ein tönender Spiegel der Persönlichkeit Marlene ist sie. Eine Stimme, die stimmt.

Dem Undurchsichtbaren im Antlitz entspricht ein Undurchhörbares in der Stimme Marlenes. Man hört ihr nicht auf den Grund. Etwas wolkig Trübendes ist in ihren Klang eingeflossen. An der Kaschemmen-Diva im »Blauen Engel« wurde dieses Trübende als künstlerisch wohlgelungene, bewusste Färbung des Organs empfunden, als dessen (vorgetäuschte) Vernebelung durch Alkohol und Tabakrauch. Später, in andern Rollen, wirkte das Umschleierte der Stimme als Wehmut, Traurigkeit, Resignation; oder man wollte es als Ausdruck der vampirischen Absicht erkennen, durch Geheimnis zu verlocken und zu betören. Jedenfalls: Es ist eine Stimme, in der auf sehr irritierende Art Wahrheit und Täuschen nebeneinander bestehen: wie in einem maskierten Gesicht das offene Bekenntnis der Augen und die mienendeckende Larve.

Marlenes Stimme klingt wie ein Sopran, der nach unten gerutscht ist, in die Alt-Lage. Manche werden sagen: ein Mezzosopran (eine Frauen-Stimme, die man nicht definieren kann, die sieht man gern als Mezzosopran an). Sie scheint, auch wenn sie hoch klingt, aus der Tiefe zu kommen. Es ist eine unerlöste, nicht zu ihrer rechten Freiheit und Blüte gelangte Stimme.

Ich entsinne mich nicht, ob Marlene jemals in einer ihrer Rollen geweint hat, aber sie kann – und sie macht davon zuweilen künstlerischen Gebrauch – Tränen *sprechen*.

Ihre Stimme wird nie, auch in Augenblicken höchster Erregung nicht, sehr laut, hat aber oft eine Intensität, eine Schwere und Spannung, die erregender und dramatischer wirken, als der leidenschaftliche Schrei das vermöchte.

Was man »sinnlichen Reiz« nennt, hat diese gebundene, nicht voll aus der Kehle dringende Stimme kaum ... dennoch geht der stärkste erotische Zauber von ihr aus. Nicht dem Inhalt, dem *Klang* der Worte glauben wir, dass, die sie spricht, »von Kopf bis Fuß auf Liebe eingestellt« ist. Auf Liebe als Bestimmung, Verhängnis, als dunklen Grund und dunkles Ziel alles Lebens.

UND EINIGES ANDERE

Vor allem die Beine, die berühmt hohen, hoch berühmten Beine Marlenes, die seit dem »Blauen Engel« rechtens Weltpopularität genießen. Es sind Beine, die dem modernen ästhetischen Anspruch an solche vollkommen gerecht werden. Elegante Beine, schlank und fest, überzeugend parallel, sehr zart in der Linie, die über die Kuppe des Knies in kaum merklicher, sanfter Rundung hinüberzieht, Ober- und Unterschenkel entsprechen dem schönen Maß-Verhältnis, wie der »goldene Schnitt« es fordert. Mehreres noch zum Lobe dieser wohlgeformten, mustergültigen Beine wäre vom Bilde abzulesen; *beschreibende* Anatomie gerät leicht ins Lächerliche, wenn sie ästhetisch wertet. Strindberg, der gegen die Frauen tobte, klagte, erschütternde Pamphlete wider sie dichtete – weshalb er fälschlich und töricht zum Weiberhasser erklärt wurde, obschon sein Hass ins Rasen gekommene Liebe war –, hat, ich glaube im zweiten »Blaubuch«, vom Wunder des schönen Frauenbeins geschwärmt. Auf mathematischer Grundlage. Bei Marlene würde er das feinste Beispiel zur Anschaulichmachung seiner Theorie gefunden haben. Da er sie vermutlich geheiratet hätte, und mit ihr (wie sie mit ihm) todunglücklich geworden wäre, ist es gut, dass die beiden nicht Zeitgenossen waren.

Aus den Handflächen der Dietrich hat eine kundige, auch von der Wissenschaft anerkannte Chiromantin »Depression und trübe Stimmung« herausgelesen. »Der Schicksalsweg bricht an der Herzlinie scheinbar ab«, was verschiedene Deutungen zulässt. Eindeutig ist die klar ausgeprägte Form der »Kunstlinie«. Die Handleserin nennt sie »ein geradezu überraschendes Gebilde von Schönheit, Wucht und Eindrucksfähigkeit«. Zu erwähnen wäre noch, als besonders markiert, in engster Nachbarschaft zur Kunstlinie im Hand-Innern der Dietrich das »croix mystique«.

Marlenes Augenfarbe ist grün. Grün in vielen je

nach Stimmung und Belichtung wechselnden Tönungen. Genaue Kenner aller Möglichkeiten von Grün sagen, sie habe meergrüne Augen. Aber das ist eine Nuance, unter der man sich zu vieles vorstellen kann, als dass man sich etwas unter ihr vorstellen könnte. Bleiben wir also bei grün schlechtweg. Das Haar ist goldblond mit rötlichem Schimmer, war immer so, von Gnaden der Natur; diese aus Modegründen zu korrigieren, derlei Sünde wider den Leib hat sich Marlene nie schuldig gemacht. Der platinene Schrecken ist an ihr spurlos vorübergegangen. Das natürliche Kolorit der Erscheinung Dietrich: Augen, Haar und Teint ist so, dass es nur eines Mindestmaßes zusätzlicher Malerei bedarf, um vor dem Kamera-Objektiv glänzend zu bestehen: Der Farbfilm bringt es an den Tag!

Grazie ist ein besonderes Wirkungs-Element der Frau und Schauspielerin Dietrich. Eine ganz persönliche, verführerische Anmut der Haltung und Gebärde, denen immer, ohne dass dies bewusst angestrebt würde, etwas Bildhaftes innewohnt. Marlene hat die Kunst, ihren Posen – der Film zwingt oft zu solchen – den sicher trügenden Schein der Ungezwungenheit zu geben. Ihre Bewegungen sind gelöst und weich, aber voll Ausdruck und Charakter, der Leidenschaft so fähig wie der behutsamsten Zärtlichkeit. Selbst im höchsten Affekt behalten sie den adeligen Stil, den einem Körper, welchem er angeboren ist, auch die Peitsche des Schmerzes, der Wut, des Hasses nicht auszutreiben vermag.

Das Niedliche liegt Marlene gar nicht.

Frau Dietrich ist fünf Fuß, sechs Zoll groß (ein Meter achtundsechzig) und wiegt, unerbittlichen amerikanischen Feststellungen zufolge, 61 Kilo. Nach dem Gesetz des richtigen Verhältnisses zwischen Körpergröße und -gewicht dürften also um sieben Deka Marlene mehr da sein, als faktisch da sind. Spare in der Zeit, dann hast du in der Not!

DIE FILMSCHAUSPIELERIN

Im »Blauen Engel« wurden einige Elemente der besondern Begabung und Wirkung Marlene Dietrichs offenbar. Die ganze Spannweite ihres schauspielerischen Talentes ließ sich aus dieser ersten, großartigen Probe noch nicht erkennen.

Schon ihr nächster Film, »Marokko«, der unter Sternbergs Regie in Hollywood gedreht wurde, zeigte Marlenes Kunst der Gestaltung von einer ganz andern Seite. In dem übernächsten, »Dishonored«, trat ihre erstaunliche Fähigkeit der Verwandlung zutage. Man bekam erst da einen Begriff von der Fülle der schauspielerischen Möglichkeiten, die in dieser Frau stecken (und noch lange nicht ausgeschöpft sind).

Marlene hat es bei ihrer filmischen Arbeit nicht leicht; und macht es sich nicht leicht. Mühelos fliegt ihr das Richtige, das ihrer Vision, wie es zu sein hätte,

Entsprechende nicht zu. Sie sieht das Ziel und sieht den Weg, aber es kostet Anstrengung, oft verzweifelte Anstrengung, ihn zu überwinden. Mit »nachtwandlerischer Sicherheit« über das Schwierige hinwegzukommen, ist nicht ihre Sache. Sie muss es, der Widerstände und Hemmungen bewusst, kämpferisch angehen und mit großem Einsatz an Willenskraft bewältigen. Sie weiß, teils instinktiv, teils aus genauer Überlegung, bis aufs Kleinste, wie sie's zu machen hat ... aber von der Idee zur Realisierung der Idee zieht sich der Weg, und es kostet härteste Arbeit, die Wirklichkeit zu zwingen, dem Traumbild, das in ihr glaubhafte Gestalt werden soll, zu entsprechen.

In Amerika traf Marlene sofort auf gefährliche, bösartige Gegnerschaften. Teils verübelte man ihr das »Unsittliche«, als dessen Verkörperung ihre Lola im »Blauen Engel« erschien (die puritanischen Frauenorganisationen Amerikas machten mobil), teils fand man es höchst unpassend, dass sie ein Kind hatte und noch dazu stolz darauf war, es zu haben. »Mütterlicher Vamp«, das schien den amerikanischen Filmplantagenbesitzern ein untragbarer Widerspruch im Beiwort. Erst die Tränen der Rührung, die über Marlene (in »Marokko« und »Dishonored«) flossen, schwemmten die moralischen und geschäftsmoralischen Einwände wider sie hinweg. Und im »Katharina«-Film hat sie's dann sogar durchgesetzt, dass ihr Töchterchen mit ihr auf der Leinwand erscheinen konnte.

»Marokko« wiederholte, gesteigert, den triumphalen Erfolg, den der »Blaue Engel« Marlene Dietrich gebracht hatte. Sie stellt in diesem Film ein armes Menschenkind dar, das Schiffbruch erlitten hat, und, von der Schicksalswelle an fremden Strand geworfen, ohne Hoffnung, ohne Wunsch, ein freudloses Dasein weiter schleppt, keinem andern Antrieb mehr folgend als dem dumpfen Beharrungsinstinkt, der auch die gequälte Kreatur ans Leben bindet. Sie verdient sich ihr Brot als Chansonette in einer marokkanischen Kneipe. Sie hat hier – anders als die Lola – das klare Bewusstsein ihrer menschlichen, fraulichen Position und findet sich mit ihr ab, ohne Lust noch Kraft zum Widerstand. Eine Leistung ersten Ranges, wie die Dietrich das spielt, dieses unsentimentalische, unzynische Sich-Fügen in eine Daseinsform, aus der nicht ein Tropfen Freude zu keltern ist, wie sie, schön und verführerisch, durch ihren – sehr kunstvoll kunstlosen – Brettelgesang die Leute zweckbewusst in erotische Rage bringt, mit geschmeidigen Katzenschritten zwischen den Zuschauerreihen herumspaziert, durch ein Spalier von Händen, die nach ihr greifen wollen, von Augen, in denen die Gier, die sie entzündet hat, brennt … und so kaltblütig-spielerisch dabei tut, wie ein Tierbändiger im Umgang mit seinen Bestien, die er reizt, um so erst recht zu zeigen, wie fest er sie in der Hand hat. Doch da ist ein Kerl von der französischen Legion, ein Gestrandeter gleich Amy Joly, der Sängerin, gleich ihr einer

Vergangenheit, an die ihn nichts mehr bindet, entflohen in eine ausweglose Existenz, die man auf sich nimmt aus keinem andern Grund als eben, um zu existieren. Zwischen diesen beiden Außenseitern des Lebens, dem Legionär und der Chansonette, springt bei der ersten Begegnung schon ein Funke des Verständnisses. »Sympathie« wäre für das, was sie sofort für einander empfinden, ein zu inhaltsreiches Wort. Es ist vorerst kaum mehr als eine leichte Regung des Gefallens. Bezaubernd, wie Marlene mit einem kleinen, feinen Lächeln, das sie in das obstinate Berufslächeln der Chansonette einschaltet, mit einer Spur Wärme im Blick dieses Gefallen andeutet, dieses Berührtwerden durch ein im Gedränge gleichgültiger Fratzen auftauchendes Menschengesicht.

Es sollen hier nicht die Inhalte der Dietrich-Filme erzählt werden, also sei auch von »Marokko« nur ganz kurz die Linie des äußern und, soweit es die von Marlene dargestellte Figur betrifft, des innern Vorganges nachgezogen. Die Sängerin verliebt sich in den Legionär. Sehr sachte, sehr allmählich wächst aus dem Gefühlchen das große Gefühl, wird aus der Spielerei unabweisbarer Ernst, aus der Episode Schicksal. Das bessere Leben, das ein braver, reicher Gentleman mitsamt seinem Namen der Amy Joly bietet, lehnt sie ab und folgt, eine arme Soldatenfrau unter andern armen Soldatenfrauen, dem Regiment der Legionäre, mit dem der geliebte Mann in die Wüste zieht. Die Schlussszene, wie sie, jetzt schon Braut des reichen Herrn, am Stadttor steht, dem fortmarschierenden Regiment starren Blicks folgend, und plötzlich den Abziehenden nachläuft, im Laufe die hochstöckligen Schuhe von den Füßen streifend, damit sie im Wüstensand leichter vorwärts komme, hat Berühmtheit erlangt. Sie ist aber auch von vielen Kritikern abgelehnt worden, die sich daran gestoßen haben, dass die Tänzerin in großer Toilette, die sie eben trägt, mit dem Regiment die Wüsten-Wanderung antritt. Aber das bisschen Überpointierte, das die Szene ja gewiss hat, verschwindet in der Darstellung Marlenes. Sie überdeckt durch die Intensität ihres Gefühls alles Unwahrscheinliche des Vorgangs. Sie macht es ergreifend glaubhaft, dass die Frau nicht anders kann, als dem Gebot ihres Herzens bedenken- und hemmungslos augenblicks zu folgen. Ihre Darstellung dichtet zu der geschickt erfundenen dramatischen Pointe das logisch und psychologisch Überzeugende hinzu. Marlene, ganz in die innere und äußere Situation der Figur eingefangen, lief durch den Wüstensand, bis sie vor Erschöpfung zusammenbrach: In der Ekstase des Spiels hatte sie nicht bemerkt, dass die Aufnahme längst beendet war.

In diesem »Marokko«-Film zeigt die Schauspielerin Marlene Dietrich Meisterschaft im Ausdruck zartester Gefühlsschwebungen und -schwankungen. In Blick und Miene, in Haltung und Gebärde macht sie – und so, als geschähe dies unbewusst – deutlich, was ihr

Innerstes bewegt. Es ist, als verrate einer sein Geheimnis eben durch die Sorgfalt, mit der er es zu verhehlen trachtet.

Kein Hauch von Sentimentalität trübt das Bild, das so aus Hunderten kleinen Strichen und Punkten entsteht: das Bild eines Menschen, der nach vielem tapfern Widerstand gegen die Leidenschaft, die er in sich wachsen fühlt, ihr erliegt, weil und sowie er sie als die große, unabweisliche Wahrheit seines Lebens erkannt hat. Bewundernswert, wie die Dietrich das langsame Einschleichen der Liebe in Blut und Nerven und Geist merkbar macht, die instinktive Abwehr gegen die Gefahr, die ihre Seele aus früherem, schmerzlichem Erleben kennt und für immer überwunden hielt, die wachsende Erkenntnis von der Vergeblichkeit aller Abwehr, und schließlich das Aufgeben des Kampfes. Wir fühlen, dass es ein Kampf war, in dem nicht der Sieg, sondern die Niederlage das erlösende, befriedigende Ende bedeutet. Es gelingt da der Schauspielerin eine Wirkung ähnlich jener der sogenannten »Katharsis« im Drama: die reinigende Wirkung, die der notwendige, schicksalhaft richtige Ablauf eines Geschehens übt, auch wenn er ins Tragische mündet.

Auf der Schaubühne würden Nuancen und Feinheiten, wie sie das Spiel und Mienenspiel der Dietrich hat, verloren gehen. Der Film – mit seinen Nah- und Großaufnahmen, seinen Möglichkeiten, die Beachtung des Zuschauers auf Details zwingend hinzulenken, seinen wunderbaren Techniken des Konzentrierens und Verdeutlichens – bringt sie zur Geltung.

Der Reichtum an natürlichen und Kunstmitteln, über die zum Ausdruck differenzierten seelischen Vorganges Frau Dietrich verfügt, macht sie zur Filmschauspielerin par excellence. Wie schön und eindrucksvoll zum Beispiel im »Marokko«-Film das Wetterleuchten von Leid, von Glück in ihrem Antlitz; das Schwanken zwischen Misstrauen gegen das eigene Gefühl und dem unabweislichen Drang, sich ihm hinzugeben, das wachsende Erschrecken vor dem Schicksal: Liebe, und doch die wachsende Bereitschaft, es auf sich zu nehmen. Wie viel Geständnis in einem Zucken der Lippen, einer Bewegung der Schultern, einem sekundenlangen Starrwerden der Haltung, einer plötzlichen Verschleierung des Blicks. Ohne jeden Aufwand an Theater und Pathos gewinnt die Dietrich dem stillen Geschehen: ein erfrorenes Herz kommt ins Tauen … stärkste dramatische Wirkung ab. Vor unsern Augen, Zug um Zug, *verwandelt* sich da ein Mensch. Und die Verwandlung hat durchaus das Notwendige, Natürliche eines organischen Vorgangs. Auch eines gottgefälligen, da hier aus einem liebeleeren ein liebevoller Mensch wird.

Dass sie die Kunst der Verwandlung auch im groben Sinn des Theaters beherrscht, zeigte Marlenes nächster Film »Dishonored«, der schon seinem Thema zufolge – Leben und Ende einer großen Spionin – von der Darstellerin Verkleidung, Täuschung, komödiantisches Maskenspiel verlangte. Auch in »Dishonored« ist Marlene eine Frau, deren Schicksal will, dass ihr Herz, in einem harten Leben hart geworden, eines Tages doch wieder im Takt schlagen muss, den die Liebe angibt. Die Spionin war, ehe man sie, den Lockwert ihrer Schönheit nutzend, zur Spionin gemacht hatte, Großstadtdirne gewesen. Also bringt sie schon eine tüchtige Dosis Selbst- und Menschenverachtung in ihren neuen, ebenso verwegenen wie üblen Beruf mit. Kalt und bedenkenlos spielt sie ihre fraulichen Reize aus, um die Opfer, auf deren Fang es abgesehen ist, ins Netz zu bekommen. Mit dem Gleichmut und der Unerbittlichkeit einer seelenlosen Maschine übt sie ihr Amt der Betörung. Aber mit einem Mal streikt die Maschine, weigert sich, die ihr zugemutete Arbeit zu leisten. Das Herz der Spionin folgt nicht mehr dem Diktat des Kopfes. Warmes menschliches Empfinden, lang gestockt, durchfließt es wieder. Sie rettet dem Mann, der solche Regung der Güte, des Mitleids in ihr zu wecken im Stande war, das Leben und zahlt dafür mit ihrem Tod. Der Preis scheint der Spionin nicht zu hoch, die Ruhe, mit der sie ihr Urteil vernimmt und sich vor die Gewehre stellt, ist Produkt eines befriedigten Gemüts: als gehe sie in den Tod mit dem Bewusstsein, durch die Tat, deretwegen sie sterben muss, alles Üble und Hässliche aus ihrem Leben getilgt zu haben.

Ich weiß nicht, ob das genau so im Drehbuch von »Dishonored« steht; im Spiel der Dietrich stand es so.

Im Film »Shanghai-Express« (auch mit Sternberg als Regisseur) überraschte sie durch starke dramatische Akzente ihres Spiels, dessen Leidenschaft Natur-, nicht Theaterfarbe hatte. Unter Jacques Feyders Regie entstand »Ritter ohne Waffen«, der erste Film, den die Dietrich in England drehte. Eine Aufgabe, in der sie ihr komödisches [sic!] Talent, ihre Fähigkeit der leichten spöttischen Konversation unter Beweis stellte, war »Desire«. Da entwickelt sie in der Rolle einer Hochstaplerin Humor von solcher Feinheit und Liebenswürdigkeit, dass sie das Amoralische der Figur gleichsam wegspielt, den ganzen Fall in eine Sphäre rückt, wo das Verbrechen als »Streich« erscheint, den zu verzeihen nicht schwer fällt. Der »Garten Allahs«, ein Farbfilm, verriet, wie viel diese, schon ganz nahe, Zukunftsform des bewegten Bildes von Erscheinung und Begabung der Dietrich erhoffen darf. Ihr letzter in Europa vorgeführter Film war »Angel«, inszeniert von Lubitsch, eine Gesellschaftskomödie. Innerste Bewegtheit und erzwungene äußere Ruhe – die die große Dame, als welche Marlene hier erscheint, bewahren muss – so ineinander zu schließen, dass die Bewegtheit aufs stärkste spürbar und doch die Ruhe völlig glaubhaft bleibt, ist ein schauspielerisches Problem, dessen Lösung auf dem kalten Weg der Mache nie hätte so gelingen können, wie sie dem kultivierten Spiel der Dietrich gelungen ist.

Ihre Kunst hat, wie jede, Grenzen. Aber es sind sehr

weit gesteckte. Und dass sie diese Grenzen genau kennt, nie sich zu einer Haltung, einer Gebärde, einem Ton verleiten lässt, die mit eigenster Empfindung zu füllen sie nicht imstande wäre, gibt ihrem Spiel das Adelszeichen künstlerischer Wahrheit und macht sie im Bezirk ihrer Möglichkeiten souverän. Die Gefahr der Wiederholung liegt nicht in Marlene: Sie liegt in den Drehbüchern, die für sie geschrieben werden.

BLICK INS PRIVATE

Marlene liebt ein zurückgezogenes, stilles Leben im engsten Kreise. Natürlich ist Luxus nichts, woran sie litte; aber Überfluss zu entbehren bedeutet ihr keine Entbehrung. Nun gilt ja gewiss, dass die bescheidene Lebensform für den, der zu ihr nicht genötigt ist, einen anderen Akzent hat als für den, der sich in sie fügen muss; den kleinen Verhältnissen fehlt das Bittere, wenn die großen nur beurlaubt sind und jederzeit einrückend gemacht werden können. Marlene Dietrich hat vermutlich – so weit geht ihr Wunsch nach Originalität kaum – keine Sehnsucht nach proletarischer Existenz, aber ihre Träume von schönem Leben sind solche, zu deren Erfüllung Reichtum weder notwendig noch imstande wäre. Sie ist ein einfacher, lieber, warmherziger, neidloser, unverlogener Mensch, besessen von dem chronischen Willen, gut zu sein und Gutes zu tun.

Böses ist noch kaum irgendwem von ihr widerfahren, es sei denn durch die beleidigende Tatsache ihrer ungewöhnlichen Schönheit und Begabung. Solche Bevorzugung von Gnaden der Natur hat ja sicher etwas sehr Aufreizendes für die Vernachlässigten, und wenn gar noch gewaltigster Erfolg sich hinzugesellt und mit ihm die Fülle der irdischen Güter, wird der Ärger unerträglich. Um von ihm loszukommen, gibt es zwei Flucht-Möglichkeiten: entweder Flucht in die Liebe zu der Person, die den Ärger erregt; oder Flucht in die Bosheit, in die üble Nachrede. Von beiden, von der Schwärmerei wie von der Médisance, erhält die Dietrich Tag um Tag kräftige Proben. Doch das sind Nebenstimmen des Ruhms, die seiner Melodie nichts von ihrem starken Zauber nehmen. Marlene unterliegt ihm gern. Sie freut sich der Popularität, des warmen Windes von Sympathie und Neugier, der um ihre Person, wo diese dreidimensional sichtbar wird, sich erhebt und die Zettel der Autogrammsüchtigen herweht; ein oft lästiger Wind, gewiss, aber Marlene heuchelt nicht, dass das Unbehagen ob solcher Belästigung durch das Behagen, Gegenstand so leidenschaftlichen Interesses zu sein, reichlich kompensiert wird. Ich kenne einen großen, im Dritten Reich zu höchsten Ehren, Titeln und Preisen gekommenen Kollegen Marlenes, einen Seufzer und Stöhner über die stürmische Zuneigung, die ihn, wo immer er sich blicken lasse, umdränge. Aber als am Bahnhof der großen Stadt, wo er, zum Seufzen und Stöhnen entschlossen, ankam, nur eine schüttere Enthusiasten-Menge seine Berühmtheit, assai moderato, umtobte, legte er sich, krank im Herzen, zu Bett und blieb mit der Welt zerfallen, bis ein paar reklameschwere Zeitungsnotizen ihn wieder mit ihr versöhnten. »Genannt in Lob und Tadel bin ich heute ... und dass ich da bin, wissen alle Leute«, dichtete, keineswegs darüber verstimmt, Michelangelo (der in Hollywood vielleicht als Extra für den Typ: charaktervolle Hässlichkeit Verwendung gefunden hätte). Marlene wird nie leugnen, dass solches Von-ihr-Wissen aller Leute, auch wenn es ihr erschwert, unbehelligt im Salzburger Café Bazar zu sitzen, etwas Nettes ist. Sie mimt nicht die vom Ruhm Gelangweilte, von ihrer Popularität Erdrückte. Dennoch: Zu ihrer rechten Leichtigkeit und Heiterkeit blüht sie auf in der freien Atemluft der mit Wenigen geteilten Einsamkeit, in der Geborgenheit des familiären Drinnen, wo die Rolle, die sie draußen spielt, gar keine Rolle spielt. Im Sommer 1937 bewohnte Marlene mit Mann und Freundin ein entlegenes Bauerngehöft am Wolfgangsee, einen alten Kasten ohne Spur von Villa, mit einer Wiese dabei, auf der wuchs, was wachsen wollte, das Ganze rundherum fugenlos mit Brettern verschlagen, die, obschon sich das von der Planke einer großen Schauspielerin beziehungsvoll sagen ließe, nicht die Welt bedeuteten, sondern die Abgeschlossenheit von dieser. Die Einrichtung im Innern war so geblieben, wie die bäurischen

Besitzer, Ureinwohner von St. Gilgen, sie gewollt hatten. Nicht der kleinste echte Brueghel hing an den vom Ofenruß geschwärzten Wänden, nicht einmal ein Segantini. Kurz, von jener veredelten Rustikalität, die den Bauernstuben der Millionäre eigentümlich ist, hatte die Sommerwohnung Marlenens nichts. Gäste kamen, das ließ sich nicht vermeiden; Gäste gingen, und das waren schöne Augenblicke. Drin im Hause gab es kein Telephon, und draußen regnete es meistens. Trotzdem fühlten Madame, die selbst das Amt der Köchin versah, und ihre Leute sich ungemein wohl, ja glücklich in der einsamen ländlichen Bude, und nichts störte ihr Behagen als das Näher-Rücken der Stunde, wo das Idyll verlassen und in den Betrieb wieder eingetreten werden musste. Die Tage, zauberisch ausgefüllt mit der vielen Zeit, die man hatte, schienen zu kurz, obschon sie immer länger wurden. Von den Kühen und Hunden, die auch da waren, von dem Interesse und der Freundschaft, die sie beanspruchten und reichlichst empfingen, ließe sich Mehreres erzählen. Doch unterbleibt die Erzählung, weil sie zum Aufschluss über die künstlerische und menschliche Besonderheit der Frau Dietrich wenig beitrüge. Marlene liebt Tiere, aber deren allzu enge körperliche Nähe verträgt sie nicht gut. Trotzdem war sie, wie der Bauer anerkennend betonte, mit Geschick und Eifer dabei, als es galt, das Kälbchen aus dem Schoß der Mutter, den es freiwillig durchaus nicht verlassen wollte, herauszuziehen. Ich habe das Neugeborene gesehen, das seltene Kalb, dem Marlene Dietrich Geburtshilfe geleistet hat. Es stand da auf zittrigen, weit gespreizten Beinchen und blickte so sanft, ängstlich und hingebungsvoll, wie die Filmnovize den Regisseur anblickt, von dem sie eine Rolle erhofft.

FRAGEN UND ANTWORTEN

In dem St. Gilgener Bauernhaus, allein und abgetrennt von den sinnfälligen Freuden der Geltung und Berühmtheit, schien Marlenes Stimmung jenen Grad in der Skala der Empfindungen erreicht zu haben, der, wenn es ihn überhaupt gäbe, dort als »Zufriedenheit« angemerkt wäre. Störung dieses unwahrscheinlichen Zustands verursachte die Behelligung durch ein sogenanntes Interview. Dem Zweck zuliebe, dem es dienen sollte, unterzog sich Frau Dietrich der langweiligen Prozedur.

In der guten Stube zu St. Gilgen begann die Befragung, im Salon eines Großstadthotels setzte sie sich bald hernach fort. Dort wehte eine ganz andere, von nervösen Spannungen durchsetzte Luft. Es roch nach Blumen, Zeitmangel, Tee, Parfum und vornehmer Dame. In Vasen, deren viele da waren, blühten frische Zeichen der Huldigung. Marlene, sanft, erkältet und auf manches gefasst, trug die Miene einer beschäftigten Dulderin. Sie wurde gebeten, sich später, in Hollywood, einiger versprochener Daten und Bilder zu erinnern. Aus Höflichkeit machte sie Notizen, deren Hieroglyphik schon ihre Bestimmung, nicht entziffert werden zu können, verriet. Hier, im Zimmer des Großstadthotels, fehlte das Telephon nicht. Während der seltenen Pausen, die es einschaltete, fand das Interview statt. Die Metropolen fragten an, offerierten, wollten wissen, private Verehrung drängte, verehren zu dürfen. Marlene schien wie die Zentralfigur eines Netzes, aber keineswegs Spinne, sondern Umsponnene. Pakete kamen, noch Pakete. Bücher wurden abgegeben, die sich heiß anfühlten zufolge der glühenden Widmungen in ihnen. Nein, die gnädige Frau hat jetzt keine Zeit. Nein, sie ist nicht zu Hause. Nein, das ist ganz ungewiss. Es war alles ungefähr so, wie der kundige petit Maurice sich das Leben der Diva denkt, so von überallher bewegt, voll qualifizierter Unruhe, umrauscht von Antrag, Bitte, Forderung, von den Genien des Ruhms umgaukelt und von seinen Erinnyen gehetzt. Immerhin: Und dass ich da bin, wissen alle Leute!

Ein Interview, das auf das Persönliche des Gegenüber abzielt, ist ein Austausch von Verlegenheiten. Der Fragende schämt sich der dummen Fragen, die er stellt, der Befragte, dass er auf sie eingeht und ernsthaft antwortet, obwohl er weiß: Die Wahrheit darfst du den Buben doch nicht sagen (Faust I, Studierzimmer).

Marlene Dietrichs Antworten waren bezaubernd unbefangen, so klug wie fein, und enthielten den

Höchstperzentsatz an Aufrichtigkeit, den ein Gespräch zwischen Kulturmenschen verträgt.

Als den Grundzug ihres Wesens erkennt Marlene etwas, das, viele Charakterlinien zu *einem* Zeichen ineinandergefasst, *Loyalität* heisst.

Sie ist keine kämpferische Natur, in ihrem Ich-Gefühl gibt es eine sehr deutliche Komponente der Wehrlosigkeit. Spuren hievon zeigt ja auch ihr Spiel, in dem die passive Seite und Saite so merkwürdig anklingen. Vielleicht hat Marlenens Hang zur Schwermut in diesem Gefühl der Wehrlosigkeit seine oder zumindest eine Ursache. Oft kann sie sich der Traurigkeit, der ein unmittelbarer Anlass fehlt, nicht erwehren. Ihre Freunde kennen und fürchten diese schwarzen Stunden, die plötzlich kommen und plötzlich verschwinden, und die jeder Versuch, sie abzukürzen, nur verlängern würde. Grundlos und nicht grundlos – wie man's nimmt – ist die Traurigkeit, in die Marlenen der Gedanke an ihr Kind, wenn sie dieses nicht bei sich hat, verfallen lässt. Sie ist die zärtlichste, mütterlichste Mutter, spricht von dem Töchterchen in dem angstvoll glücklichen Tonfall, in dem ein Besitz-Besessener von seinem Reichtum redet. Heidede ist ja auch ein liebenswertes Menschenkind, in dessen Wesen ernst und heiter sich aufs natürlichste mischen. Sie hat das Freundliche, dem es gegeben ist, vor Gott und Menschen angenehm zu machen, aber auch eine ausgesprochene, gar nicht wie Hochmut wirkende Tendenz zu jener Haltung, die alle Vertraulichkeit entfernt. Ihre großen schönen Augen blicken ruhig-interessiert und mit einer winzigen Spur von Misstrauen, als wäre Heidede schon draufgekommen, dass durchaus alle Phänomene der Welt beides, das Interesse wie das Misstrauen, reichlich verdienen. Vom Zauber der Mama schimmert ein Abglanz um das blonde Haupt der Tochter, die sich in der nicht leichten Rolle, Sternchen eines Stars zu sein, mit vollendetem Takt zurechtfindet.

Befragt, welches der Übel, in deren dichtem Schwarm wir wandeln, ihr das schlimmste scheine – von den gottgewollten abgesehen – antwortet Marlene: »Ungerechtigkeit«. Das Böse, das dem Menschen durch die Bosheit des Nebenmenschen widerfährt. Trifft es solche, die ihr wert und lieb sind, wird ihr Mitleid persönliches Leid. Und steigert sich zur rechten Herzensnot, wenn sie nicht helfen kann.

Auf törichte Fragen wie: Möchten Sie sehr alt werden? Sähen Sie es gerne, wenn Ihre Tochter Filmschauspielerin würde? Welcher Zeitgenosse erscheint Ihnen als wahrhaft großer Mensch? Haben Sie Angst vor dem Tod? – erwidert Marlene Dietrich nur mit einem rührenden oder verwunderten oder bestürzten oder zur Seite gewendeten Blick. Ihrem Schweigen ist deutlich zu entnehmen, dass sie keine Antwort gibt.

Wie stehen Sie zur Kritik?

»Lob freut mich, wenn es vernünftig begründet ist.«

Und vernünftiger Tadel?

»Dem Gekränkten fällt es schwer, die Kränkung als vernünftig gelten zu lassen. Vernünftiger Tadel? Das scheint dem Gekränkten durchaus als ein Widerspruch im Beiwort.«

Ist es angenehm, berühmt zu sein?

»Oh, es hat seine Annehmlichkeiten! Als mein Mann das Kind nach Amerika brachte, wollte ich nicht, dass die Zeitungen davon Notiz nehmen. Da tat man auf meine Bitten mir – nicht der besorgten Mutter, sondern der Dietrich – den Gefallen, den Zug vor der Station halten zu lassen. Und so verlief mein Wiedersehen mit Heidede, ohne dass ein Reporter zugegen war. Außerdem, wenn man so bekannt ist wie ich, bekommt man in jedem noch so überfüllten Restaurant doch immer Platz.«

Haben Sie schon in den ersten Anfängen an sich und Ihre Carrière geglaubt?

»Ja.«

Warum?

»Darum.«

Erlauben Sie eine Frage aus dem besonders kleinen Gesichtswinkel des Fragenden: Würden Sie gerne in Österreich leben?

Darauf erwidert Marlene mit einer leichten Ausbiegung ins Delphische: »Ich sehne mich immer nach Österreich. Es ist so schön, sich vorzustellen, man hätte dort sein Zu-Hause.«

Was wollten Sie sein, wenn Sie nicht Filmschauspielerin wären? Dieser Frage war die Bitte beigefügt, nicht zu antworten, was jede Kollegin an ihrer Stelle antworten würde, nämlich: »Filmschauspielerin«. Marlene Dietrich bedauert, dennoch keine andere Antwort geben zu können.

Es gibt etwas, das Marlene noch lieber tut als Filmen: für Schallplatten singen! Das macht sie leidenschaftlich gern.

Damit war das charakterologisch-moralische Examen beendet. Das Gespräch wandte sich den beruflichen Dingen zu. Marlene plauderte darüber nicht in druckreifen Formulierungen. Sie sagte einfach, wie sie's fühlt und meint. Das Folgende ist der Sinn, nicht der Wortlaut ihrer kleinen beruflichen Konfessionen.

Um im Film zu gelten, bedarf es, nach Marlenens Überzeugung, mehr noch der Persönlichkeit als des Talents. Der Film ist ein totalitärer Teufel; er will die ganze Seele des Menschen, der sich ihm verschrieben hat (vom Leibe ganz zu schweigen). Die Filmarbeit stellt Forderungen an die geistige und moralische Spannkraft des Darstellers, von der der Bühnenschauspieler sich kaum einen Begriff machen kann. Sie ist durchaus auf Intensität gestellt, jede Minute vor der Kamera so gesättigt mit Anspruch an den Spieler, dass, auch wenn sich's wirklich nur um eine Minute handelt, der kleinste Zusatz von Gleichgültigkeit, das kleinste »Auslassen« als Fleck im künstlerischen Bilde merkbar wird. Ihr, Marlene, erscheint die Film-Arbeit als Vamp, der, unersättlich, Geist und Blut und Nerven seiner Opfer frisst, und in den die Gefressenen doch rettungslos verliebt sind. Mit der ersten Drehminute fühlt sie sich wie eingeschlossen in einem magischen Kreis, der, bis zur letzten Drehminute, nichts, was nicht ihm gilt, zu denken und fühlen erlaubt.

Auch im Schlaf lockert sich der Bann nicht, in dem den Spieler die Film-Arbeit hält; aus deren Bezirk nimmt der Traum die Farben und Formen zu den Bildern, die er kreisen macht, das Material zu seinen Gaukeleien.

Was der Filmschauspieler in den paar Wochen seines Mitwirkens am Werk an geistigen und körperlichen Kräften verbraucht, reichte in jedem anderen Beruf für zumindest ebenso viele Monate. Wie entsetzlich an- und abspannend ist allein schon das Zerstückeln des Spiels in Einzel-Momente, das stetige Abreißen und Wiederknüpfen der großen Linie, die der Film-Darsteller, wie der Bühnen-Darsteller, doch einzuhalten bestrebt sein muss, die fortwährende Unterbrechung des schauspielerischen Elans, dieser impetus interruptus, der den Künstler zermürbt wie den Liebenden die gehemmte Liebe. Es ist immer ein Springen vom Stand (und was für ein Hochspringen oft!), ohne die Hilfe des Anlaufs. Ja, der Film ist ein eifervoller, alles fordernder Gott. Oder Satan. Und das Atelier ein höllisches Feuer, in dem brennen muss, wer in die zeitliche Seligkeit des Ruhms eingehen und für ein paar Jahre wandeln will *über* gemeinen Sterblichen, in einer Höhenlage etwa gleich der des Paramount Everest.

Marlene liebt den Film und seine würgende Forderung und die Arbeit für ihn, der sie opfert »das Blut ihres Herzens und den Saft ihrer Nerven« (Börne über Jean Paul). Eine Arbeit, die Rausch verlangt und strengste Disziplin, Phantasie und vorbedachte Genauigkeit im Kleinsten, höchste Mühe und den zwingenden Schein der Mühelosigkeit.

Marlene geht an ihre filmischen Aufgaben mit einem stets wohlerwogenen, auch schon das Detail vorausbestimmenden Plan heran. Der Eingebung des Augenblicks bleibt nur überlassen à mettre les points sur les i.

Welche Rollen spielen Sie am liebsten?

»Jene, die meiner Eigenart entsprechen, das heißt: in die ich mich mit Gedanken und Empfindungen einleben kann, ohne meiner Natur Gewalt anzutun. Ich will auch gleich sagen, welche Art von Rollen ich am unliebsten spiele: Damen der Gesellschaft, die sich auf ihre Anständigkeit etwas zu Gute tun.«

Welche Ihrer Leistungen scheint Ihnen die bestgeglückte?

»›Die spanische Tänzerin‹ in dem Film, dessen deutsche Fassung so auch hieß. Da war Fülle des Dramatischen in meiner Rolle, Vielfalt der Empfindungen und strenge Folgerichtigkeit des Charakters. Ich hatte ein gefährliches, buntes Leben vorzuleben, nicht immer nur ein Gesicht zu machen, sondern viele Gesichter. Es war ein Spiel von Liebe und mit der Liebe, dessen Spannweite vom Übermütigen bis zum Tragischen reichte. Da hatte die Schauspielerin, was sie brauchte, um sich als Schauspielerin zu beweisen: Bewegtheit, Affekt, große Augenblicke und einen bunten Reichtum an Kleidern, in denen Wesenszüge der Figur sich spiegeln konnten.«

Haben Sie von einem der Regisseure, die mit Ihnen arbeiteten, so etwas wie aktive künstlerische Hilfe erhalten?

»Ja. Von Josef Sternberg. Er versteht mich wunderbar. Er hat mich ja auch sozusagen für den Film entdeckt. Er kennt meine künstlerischen Möglichkeiten und hat welche herausgespürt, die ich selbst in mir nicht vermutete. Er steckt mit unfehlbarer Intuition das Ziel richtig ab und zeigt den Weg zu ihm. Seine Phantasie und sein großartiges Einfühlungsvermögen in Situationen und Gestalten machen auch den Schauspieler, der seiner Führung vertraut, schöpferisch.« Und sie setzt hinzu: »Es gab zwei Ereignisse, von denen ich sagen kann, dass sie Wendepunkte in meinem Leben bedeuteten, dass sie mich – mich als Frau das eine, als Künstlerin das andere – entscheidend veränderten: die Geburt meines Kindes. Und das Zusammentreffen mit Josef von Sternberg.«

Und welchen (oder welche) Kollegen (oder Kollegin) schätzen Sie, als Partner, besonders hoch? Mit wem haben Sie besonders gern gefilmt?

Über Marlenes Antlitz fällt der Reflex des Reflexes eines Lächelns. In dieser stimmungsvollen Beleuchtung sagt sie: »Die amerikanischen Kollegen haben so gute Manieren!«

Haben Sie schon in Ihrer Jugend, in Ihrer frühen Jugend, meine ich, so glänzend Englisch und Französisch gesprochen?

»Ich hatte englische und französische Gouvernanten. Während des Krieges trockneten meine fremdsprachigen Geläufigkeiten ein; ich durfte da nämlich nur Deutsch sprechen. Aber dann später brauchte es nur wenig Übung, sie wieder fließen zu machen. Die englische Version des ›Blauen Engels‹ haben wir noch in Berlin gedreht. Ich bin meiner Mutter so dankbar, dass sie mich frühzeitig und gründlich fremde Sprachen hat lernen lassen.«

Dafür hat man auch, denkt neidvoll der Besuch, Eltern unendlich dankbar zu sein. Dankbarer vielleicht als für das fragwürdige Geschenk des Gezeugt- und Geborenwordenseins.

Zum Abschluss noch eine Frage, liebe Marlene Dietrich: Was für schlechte Eigenschaften haben Sie?

Marlene, sanft, erkältet und auf manches gefasst, überlegt ein Weilchen, dann sagt sie schlicht: »Keine.«

Herr Sieber kommt ins Zimmer und bekräftigt nachdrücklichst die Auskunft seiner Frau.

MARLENESQUES

Über Marlene, Mr. Zukors »glamour girl number one«, wird viel unsinniges Zeug erzählt. Manches aus Gründen der Reklame, wie sie in Amerika üblich ist und rücksichtslos praktiziert wird, ob nun der, dem sie gilt, damit einverstanden sein mag oder nicht. Manches aus Bosheit. Marlene tut gut daran, die Legenden, die über sie im Umlauf sind, laufen zu lassen, ohne ihnen zu widersprechen. Vor den Ruhm haben die Götter, sagt ein altgriechisches Sprichwort, den Schweiß gesetzt; hinter ihn – wäre zu ergänzen – den Tratsch. Und was Götter zusammengetan haben, soll der Mensch nicht trennen.

Es ist unrichtig, dass Marlene, um abzunehmen, sich nicht nur das Essen, sondern auch den Schlaf versagt. Sie schläft. Viel und gern. Unter den Kopfkissen, die sie benützt, befindet sich ein gutes Gewissen. Das nimmt sie auch auf alle ihre Reisen mit.

Es stimmt, dass sie Luftbäder für ein wichtiges Mittel der Hautpflege hält. Ebenso das Frottieren der Haut mit Bürsten und Frottiertuch. Auf das »make up« legt sie großen Wert, besorgt aber das meiste der kosmetischen Arbeit an sich mit eigener Hand. Nur das Nachziehen der Augenbrauen (die in den letzten Jahren flacher geworden sind) überlässt sie einem Spezialisten auf diesem Gebiet.

In der Auswahl ihrer Toiletten geht sie autoritär vor. Kein Direktor, kein Regisseur, kein Kameramann darf ihr etwas dreinreden. Auch kein Schneider. Sie hat da ihre eigenen Ansichten, Phantasien und Launen. Die Entwürfe der Kleider, die sie in ihren Hollywooder Filmen trug, stammten fast durchwegs von Travis Banton, dem Modekönig der Paramount. Aber diese Entwürfe wurden durch Marlenes Einfälle und Marlenes Geschmack mitbestimmt. Sie hat, wie überhaupt, auch was ihre Toiletten anlangt, Neigung und Mut zur Originalität. Von Frauen, die besonders apart-reizvoll gekleidet sind, sagt man in Amerika: »Die ist Marlene angezogen.«

Gut auszusehen findet sie für ihre Pflicht. Sie tut in diesem Punkt redlich, was sie kann. Man hat ihr in Hollywood den Spitznahmen »Narcisse Dietrich« aufgebracht, weil sie lange vor dem Spiegel zu stehen und ihr Gesicht mit der Miene eines besorgten, genießenden Kenners zu prüfen pflegt. Begreiflich. Wenn man Marlene Dietrich ist, muss es ein ästhetisches Vergnügen sein, in den Spiegel zu schauen.

Sie lernt ihre Rollen, indem sie sie viermal abschreibt. In ihren Mußestunden spielt sie gern ein wenig Geige.

Von dem vielen Geld, das sie verdient, gibt sie viel Geld her, um andern zu helfen. Sie tut das ohne Seufzen. Noch niemand hat je von ihr den Satz gehört »Wenn sie wüssten, was ich alles für andere tue!«

Sie hat ein sehr sicheres und scharfes Kunsturteil. Auch in literarischen Dingen. Von ihrer Fähigkeit, sich zu begeistern und zu schwärmen macht sie hemmungslosen Gebrauch. Über sich selbst spricht sie nur, wenn sie danach gefragt wird; und auch dann nicht gerne.

Sie erhält von fremden Menschen mehr Briefe, als sie lesen kann. In den seltensten Fällen versäumt sie etwas, wenn sie diese Briefe nicht liest. Die Huldigungen, die ihr zuteil werden, sind manchmal rührend. Ein junger französischer Dichter hat ihr vor wenigen Monaten ein umfangreiches Album übersendet, in das er mit zierlicher Kalligraphie Gedicht um Gedicht an Marlene eingetragen hat, drei Jahre lang. Das Album ist betitelt: »Les Marlenesques« und trägt auf der ersten Seite die Widmung: »Star pour tous, femme pour certain, muse pour moi.«

Man redet viel über Marlene. Kein Nachteil für eine Filmschauspielerin, wenn mehr über sie gesprochen als geschwiegen wird!

ZUKUNFT

In raschem Anstieg hat die Filmschauspielerin Marlene Dietrich einen Gipfel des Ruhmes, der Beliebtheit erreicht und sich auf dieser Höhe durch Leistung behauptet. Sie gehört zur Reihe der Kunstschaffenden heutiger Tage, deren Name überall in der zivilisierten Welt Klang hat. Von solcher Stufe nicht abzugleiten, ist schwer in unserer gefräßigen, Ruhm und Erfolg rasch aufzehrenden und verdauenden Zeit. Auch der größte Besitz an Geltung schmilzt bald hin, wenn nicht neu hinzu erworbene Geltung ihn konsolidiert. In der Kunst besonders bedeutet Stillstand Rückgang, Wiederholung Abschwächung; selbst die reizvollste Physiognomie wird da bald reizlos, wenn sie immer dieselben Züge zeigt. Und also kommt auch für den Filmschauspieler, sitzt er noch so fest in seiner Popularität, unweigerlich der verhängnisvolle Augenblick, wo er (so paradox das klingen mag) enttäuscht, wenn er bietet, was man von ihm erwartet! Nur durch ein Anderes über das von ihm Gewohnte, durch ein Unerwartetes über das von ihm Erwartete hinaus, kann er die Kurve seiner Geltung höher schrauben oder zumindest vor dem Absinken behüten.

In der künstlerischen Persönlichkeit der Dietrich schlummern so viel ungenützte Möglichkeiten, so viel Entwicklungslinien ihres Talents traten vorerst nur andeutungsweise in ihren bisherigen Arbeiten zutage, so vielerlei Facetten ihres Spiels leuchteten da, noch nicht recht herausgeschliffen, flüchtig auf, dass es wohl nur der wirklich neuen Aufgaben bedürfte, um der Filmwelt die Überraschung einer neuen, durch neuen Reiz und neues Können wirkenden Marlene zu bieten. Über den herkömmlichen Stoff, das fade Drehbuch, den Geist-Leerlauf des Regisseurs kommt auch ein Genie der filmischen Gestaltung nicht hinweg. Denn viel mehr noch als sein Kamerad auf der Schaubühne läuft der Filmkünstler Gefahr, dass sein Talent von der Talentlosigkeit derer, die ihm Wege weisen und Ziele suchen, überspielt, dass seine Eigenart von dem Konventionellen der Aufgaben, die ihm gestellt werden, zugedeckt wird.

Unter den Gaukelbildern, durch die der Film den Zeitgenossen das hässliche Bild der Welt, wie sie ist, für ein paar Stunden aus den Augen, aus dem Sinn zu scheuchen versucht, ist das mit dem Namen Marlene Dietrich eines der schönsten und apartesten. Viele danken ihm viele Stunden des Vergessens einer trostlosen, bedrückenden Wirklichkeit.

ANHANG

Ulrich Weinzierl

ABER VERLIEBT IN SIE
WAR ICH SCHON ...

Alfred Polgar und Marlene Dietrich

Wien, 20. September 1927. Ein denkwürdiges Datum, zumindest für den Kritiker und Feuilletonisten Alfred Polgar: Marlene Dietrich tritt erstmals in seiner Heimatstadt auf. Und zwar in dem mittlerweile weithin vergessenen Kriminalstück »Broadway« von George Dunning und Philip Abbott. An der Seite von Harald Paulsen und Peter Lorre verkörpert Fräulein Dietrich – 26 Jahre alt und noch nichts für die Unsterblichkeit getan! – das Tanzgirl Ruby. Die Aufführung in den Kammerspielen wird ein Publikumserfolg, im März des folgenden Jahres kommt eine Neuproduktion in Berlin heraus, wieder mit Marlene Dietrich als Ruby.

Der Wiener Auftritt Rubys, so Polgar, hinterließ bei Kennern tiefen Eindruck. Eben nicht nur bei ihm allein. Sogleich habe sich eine Dietrich-Verehrergemeinde gebildet. Adolf Josef Storfer, der Direktor des Internationalen Psychoanalytischen Verlags, sei Präsident des frühen Fan-Clubs gewesen, als dessen Mitglied sich Polgar stolz bekannte. Storfer, der in der Folge ebenso gelehrte wie anregende Bücher zu etymologischen Fragen publizierte (»Wörter und ihre Schick-

Marlene Dietrich (5. von rechts) in »Broadway«,
Wiener Kammerspiele, 1927

sale«, »Im Dickicht der Sprache«), starb 1944 im australischen Exil, nachdem er zuvor in Shanghai die Emigrantenzeitschrift *Die gelbe Post* herausgegeben hatte.[1] Von dem ominösen Marlene-Verein sind naturgemäß keine Statuten erhalten, es handelte sich eher um eine Scherzgründung aus dem Café Herrenhof, zu dessen Stammgästen Polgar und Storfer gehörten. In seinem Nachruf bescheinigte er dem Freund, er sei »Sigmund Freuds getreuester Evangelist« gewesen: »[…] ein Original, vielleicht das wertvollste unter den vielen Originalen und Käuzen, die, zwischen den Kriegen, dem geistigen Wien, soweit es unter dem Breitegrad der Cafés ›Central‹ und ›Herrenhof‹ lag, eine Art von phosphoreszierendem Glanz gaben.«[2]

Wien war für die Dietrich auch abgesehen von ihren akklamierten Tanzgirl-Schritten damals wichtig,

> 16.11.1927.
>
> **BROADWAY**
>
> Ein amerikanisches Zeitbild in drei Akten von **George Dunning** und **Philip Abbott**
> Deutsche Bearbeitung von Otto Klement
> Regie: **Franz Wenzler**
> Kostüme und Bühnenbild: Alfred Kunz
> Musikalische Leitung: Oskar Jerochnik
> Tanzarrangement: Ballettmeister Franz Bauer.
>
> | | |
> |---|---|
> | Nick Verdis, Besitzer des „Paradiesnacht-Klub" | Arthur Peiser |
> | Roy Lane, Tanzkomiker | **Harald Paulsen** |
> | Lil Rice, Sängerin | Emmy Schleinitz |
> | Joe, Kellner | Peter Lorre |
> | Mazie | Trude Brionne |
> | Ruby | Marlene Dietrich |
> | Pearl } Girls | Grete Keller |
> | Grace | Lony Leuthold |
> | Ann | Tilla König |
> | Billie Moore | Friedl Haerlin |
> | Steve Crandall | **Oskar Beregi** |
> | Dolph | Kurt Wenzel |
> | „Porky" Thompson | Wilhelm Voelcker |
> | „Scar" Edwards | Camillo Triembacher |
> | Dan Mac Corn, Detektiv | Theodor Grieg |
> | Larry | Fritz Falkner |
> | Mike | Oskar Kleiner |
>
> **Nach dem zweiten Akt eine größere Pause**

Besetzungsliste »Broadway«

sie ist dort sehr präsent gewesen. Im Sommer wurde in Wien Gustav Ucickys Stummfilmstreifen »Café Elektric« gedreht, den man dann in Deutschland unter dem Schauertitel »Wenn ein Weib den Weg verliert« zeigte. Marlenes Partner war niemand anderer als Willi Forst, der Harald Paulsen in »Broadway« nach zwei Wochen ersetzt hatte.[3] Alsbald entspann sich mit ihm eine Affäre. Forst, der künftige Star des Wiener Films, sollte (kein Einzelschicksal!) sein Leben lang sentimental an der auf Dauer vergeblich Geliebten hängen. Uraufführung von »Café Elektric«: 25. November 1927. Drei Tage danach fand im Theater in der Josefstadt die Premiere von Carl Sternheims Lustspiel »Die Schule von

Uznach oder Neue Sachlichkeit« statt, mit Marlene Dietrich als Thylla Vandenbergh. Carl Vollmoeller, der Verfasser des Spektakelwelterfolgs »Das Mirakel« und 1929 an der Entstehung des Drehbuchs zum »Blauen Engel« wesentlich beteiligt (von einem posthumen Anhänger wird die »Entdeckung« der Dietrich energisch für Vollmoeller reklamiert)[4], stürzte sich nach der Vorstellung gemeinsam mit dem Autor und Felix Salten ins Wiener Nachtleben. Salten verdankte Marlene die erste Erwähnung in der *Neuen Freien Presse*: »schöne, triebhafte Weibsjugend, die gedankenlos plappert.«[5] Der »Rehsodomit« (Karl Kraus) Salten war ohne Zweifel Experte, schätzen wir in ihm doch nicht nur den Schöpfer von »Bambi«, sondern auch des Porno-Klassikers »Josefine Mutzenbacher«.

Ob Polgar die Dietrich schon in Wien persönlich kennengelernt hat oder erst in Berlin, das ab Mitte der zwanziger Jahre verstärkt zu seinem Arbeits- und Lebensmittelpunkt wurde, wissen wir nicht. Dort jedenfalls bereitete sich der unaufhaltsame Aufstieg Marlene Dietrichs vor allem im Revuebezirk vor: mit Marcellus Schiffers und Mischa Spolianskys Bühnen-Hit »Es liegt in der Luft«. Sie wurde zum Geheimtipp nicht bloß der Künstlerszene des Berliner Westens. Man musste einfach ihre alsbald legendären Beine gesehen, ihre unverwechselbar kesse Stimme gehört haben, mit der sie Anzügliches, eindeutig Zweideutiges, auch Lesbisches zum Besten gab, als wär's das Normalste überhaupt.

Während Marlene Dietrich noch auf dem Weg zum Ruhm war, der 1930 mit dem »Blauen Engel« und der überaus prompten Übersiedlung nach Hollywood unter den Fittichen ihres Geliebten und Leibregisseurs Josef von Sternberg buchstäblich über sie hereinbrach, sind diese Jahre bereits die besten in der literarischen

Marlene Dietrich, »Der blaue Engel«, 1930

Karriere Alfred Polgars gewesen. Allseits als »Meister der kleinen Form« gepriesen, war er erstmals freier Schriftsteller im umfassenden Wortsinn, also relativ frei von materiellen Sorgen. Der Rowohlt Verlag veröffentlichte neben Kurzprosa-Bänden eine vierbändige Auswahl seiner Theaterkritiken – »Ja und Nein«. Er war geachtet, wurde von gar manchem bewundert und geliebt, in Berlin gehörte er zur sogenannten Prominenz des Kulturbetriebs.

In der noblen Bar des Eden Hotels am Zoologischen Garten saß Marlene mit Fritzi Massary, Max Pallenberg, Fritz Kortner und Polgar des Öfteren an einer Art Stammtisch.[6] In einer Dietrich-Monographie des Journalisten Manfred Georg, der ab 1939 in New York als Herausgeber der Exilzeitschrift *Aufbau* zu hohem Ansehen gelangen sollte, heißt es bereits 1931: »[...] hinter allen Masken trifft man jeden Menschen am raschesten und sichersten, wenn man nach den Büchern fragt, die er liebt. Die Dietrich liebt: Hamsun, Rilke, von Dostojewski Prosa wie ›Die Sanfte‹, Mechtilde Lichnowsky, Polgar vor allem und dann einen Mann, dessen Gedichtbücher sie paketweise nach Hollywood schaffen ließ, mit dem sie Hollywood sozusagen verseuchte: Erich Kästner.«[7] In ihrer nachgelassenen Bibliothek findet sich aus dieser Zeit Polgars »Auswahlband« von anno 1930. Die ebenfalls 1930 erschienene Kurzprosasammlung »Bei dieser Gelegenheit« übermittelte ihr Polgar mit der Widmung: »für Marlene Dietrich, mit allerschönstem Dank dafür, daß sie auf der Welt ist.«[8] Artgist revanchierte sie sich beim Autor und dessen Gattin mit Blumen, was wiederum einen Dankbrief an die »Liebste, verehrteste Marlene Dietrich« zur Folge hatte: »Sie sind so bezaubernd nett zu mir! Und wenn Sie mich auch gewaltig überschätzen, so macht mir doch die Freude, die Ihnen meine Bücher machen, große Freude. Aber verliebt in Sie – das will ich nur historisch festhalten – war ich schon, noch ehe alle Welt dies war; und noch ehe Sie von meinem litterarischen (sic!) Vorhandensein auch nur das Geringste wußten.«[9]

Alfred Polgar, der mit allen professionellen Wassern gewaschene Theaterrezensent, hat die Produkte der Kinematographie keineswegs immer enthusiastisch begrüßt. Während er Meisterwerke wie jene von Chaplin oder »Panzerkreuzer Potemkin« hymnisch feierte (»Mir wird der Atem und der Platz zu knapp, von allen wundervollen Einzelheiten dieses Films zu berichten, der, beispiellos an Intensität und Gefühls-Dichte der Bilder, seiner Sachlichkeit Phantastisches nicht anhängt, sondern es mühelos aus ihr entbindet.«[10]), hatte er die Flut von billigen Machwerken unmittelbar nach 1918, darunter angebliche Aufklärungsfilme über Geschlechtskrankheiten mit besonderer Berücksichtigung der Syphilis, gnadenlos ironisiert: »Ich sage Ihnen, gehen Sie ins Kino, wenn Sie wissen wollen, was Paralyse ist!«[11] 1921 schwang er sich gar zu einer Fast-Pauschalverdammung auf: »Von hundert Filmen sind neunundneunzig so erbärmlich dumm, roh, läppisch, ein so ekliger Brei aus Saccharin, Pomade, Kanthariden und elendem Deutsch, daß Sonne und Jupiterlicht sich schämen sollten, solchen Greuel an den Tag gebracht zu haben. Die Menschen schämen sich nicht.«[12] Der große, der streitbare Ernst Lubitsch ließ sich dadurch, gleichsam als Pflichtverteidiger des gesamten Genres, zu einer Erwiderung im *Berliner Tageblatt* provozieren: Obwohl oder weil er ihn als einen der »feinnervigsten Theaterkritiker deutscher Sprache« schätze, verwahrte er sich gegen die »Kanonade von Verwünschungen«: »Damit steigen Sie nur in einen Topf, in dem Sie wahrlich nicht die beste Gesellschaft finden werden.«[13]

Vor allem aus finanziellen Gründen suchte Polgar später Beschäftigungsmöglichkeiten im Filmgeschäft. Hatte er noch für Wilhelm (William) Dieterles »Ich lebe für Dich« (1929) lediglich die Zwischentitel geschrieben und Dialoge ausgefeilt, stammen die Drehbücher zu Fritz Kortners »Der brave Sünder« (mit Max Pallenberg und Heinz Rühmann) nach Polgars Dramatisierung des Romans »Die Defraudanten« von Walentin Katajew und zu Alexander Kordas »Zum goldenen Anker« (1931, nach Marcel Pagnol) zu beträchtlichen Teilen von ihm. Sein letzter offizieller Beitrag zum deutschen Film war seine Dialogmitarbeit an Robert Siodmaks Stefan-Zweig-Verfilmung »Brennendes Geheimnis«. An der Uraufführung am 20. März 1933 in Berlin konnte Polgar nicht mehr teilnehmen. Kurz nach dem Reichstagsbrand, Anfang März, war er – gewarnt von seinem Freund Berthold Viertel – vor dem NS-Terror nach Prag geflohen. Goebbels ließ den Film sofort verbieten, der Titel schien aufgrund der aktuellen politischen Ereignisse allzu verfänglich. Für Polgar begann damit die schwerste Zeit seiner Existenz. Mit einem Schlag hatte er die wichtigsten Erwerbsquellen, den Rowohlt Verlag, die deutschen Blätter von *Weltbühne* bis *Tage-Buch* verloren. Er stand im sechzigsten Lebensjahr. Und es nützte wenig, dass er sich für die Öffentlichkeit um zwei Jahre jünger gemacht hatte.

Beschämt durch Güte

Bald kehrt das Ehepaar Alfred und Lisl Polgar von der Moldau an die Donau zurück, er in sein Atelier in der Stallburggasse, sie in ihre Wohnung in der Dorotheergasse gleich ums Eck. Die Ratlosigkeit und depressive Stimmung der ersten Wochen durchbrachen Briefe des Zürcher Journalisten und Mäzens Carl Seelig[14], der in der Schweiz der unermüdlichste Helfer der vom Nationalsozialismus bedrohten, vertriebenen und außer Verdienst gesetzten Autoren wurde. Seelig, der bescheiden lebte, stammte aus einer angesehenen Schweizer Familie. Er kannte, auch jenseits seiner journalistischen Umtriebigkeit, die gute Zürcher Gesellschaft, und die gute Gesellschaft, sofern sie kunstinteressiert war, kannte ihn. Carl Seelig lud Polgar nach Zürich ein. Allein der Aufenthalt schien keine Wendung zum Besseren zu bringen. Verzagt brach Polgar nach Paris auf, nur mit der vagen Hoffnung, dort ins Filmbusiness einsteigen zu können. Alle Projekte verliefen vorerst im Sand. Ein Vorstoß Seeligs indes zeitigte doch noch gewisse Erfolge. Walter J. Bär, Gesellschafter des Bankhauses

Julius Bär & Co., war bereit, Polgar kurzfristig finanziell unter die Arme zu greifen, obwohl dieser an Mildtätigkeit der »Zürcher Plutokratie« im Grunde nicht geglaubt hatte: »Der Bankier wird [...] bedauern, nicht in der Lage zu sein. Es ist die platonische Idee eines richtigen Bankiers, zu bedauern, nicht in der Lage zu sein. Wenn ich's genau überlege, ist es ja auch eine tolle Zumutung, für einen fremden Menschen aus purem Idealismus Geld hergeben zu sollen.«[15] Als Überweisungen Bärs in Paris eintrafen, reagierte der Beschenkte beglückt und verstört zugleich: »Wie macht man's, ein Schnorrer zu sein u.[nd] doch ein Gentleman zu bleiben?«[16] Und, kurz darauf in einem Brief an Seelig: »Sie wissen's nicht, können's nicht wissen, wie kotz-übel mir als Bettel-Litterat [sic!] zu Mute ist.«[17] Einen Silberstreif am düsteren Horizont versprach die Mitarbeit an der Verfilmung von Knut Hamsuns Roman »Viktoria«. Er verschwand wieder. Die beiden »nicht-arischen« Autoren von Exposé und Drehbuch, Polgar und der in London lebende Frederick Kohner, mussten weichen und durch »rassereine« Verfasser ersetzt werden. Die Mühe – »Immerhin etwa 300 Seiten!«[18] – war umsonst gewesen.[19] Im Frühling 1934, auch die Niederschlagung der österreichischen Sozialdemokratie durch Polizei und Dollfuß-Truppen und die Errichtung des austrofaschistischen Ständestaates hellten die Stimmung nicht auf, steigerte sich Polgars Melancholie bis zur Verzagtheit. Ohne sein Wissen wandte sich

Seelig an Marlene Dietrich mit einem Hilferuf. Sie reagierte sofort, mit der ihr eigenen Großzügigkeit, und schickte am 2. Mai 500 US-Dollar an Seeligs Zürcher Adresse. Das entsprach damals 1527 und wären heute gut 12 000 Schweizer Franken.[20]

Fürwahr, mehr als eine Geste der Wertschätzung, die dem Beschenkten freilich seine Hilflosigkeit überdeutlich vor Augen führte. Er quälte sich mit einem Dankschreiben, das Marlene Dietrichs »Noblesse und Güte alle Gerechtigkeit widerfahren« lassen und zugleich seine ramponierte Würde wahren möge.[21] Die Dietrich wiederum fragte Seelig, was Polgar denn als »Existenzminimum« pro Monat brauche. Seine Antwort: »200 Dollars«, und er fügte hinzu: »Sollten Sie sich wirklich dazu aufopfern (die Scham hindert mich, Sie dazu zu bewegen), so müssen Sie jedenfalls von ihm eine Gegenleistung verlangen; z.B. dass er für Sie ein Filmmanuskript nach einem Roman von Flaubert, Maupassant oder Balzac schreibt. Es ist meine vollkommene

Ueberzeugung, dass das eine schöne Sache würde.«[22] Davon konnte nicht die Rede sein: Von den merkantil-ästhetischen Verhältnissen in Hollywood hatte Carl Seelig keine präzise Vorstellung. Die objektive und subjektive Erleichterung von Polgars Lebensumständen währte, versteht sich, nur kurz. Zumal da im Frühsommer sein Freund Max Pallenberg bei einem Flugzeugabsturz gestorben war – der Mann der auch von Polgar bewunderten Operettenkönigin Fritzi Massary, Vater und Schwiegervater von Liesl und Bruno Frank, seinen engsten Freunden in den folgenden Kriegsjahren. Am 1. August 1934 sandte Polgar einen Klageruf nach Zürich: er sei in seinem »Zustand völliger Depression überhaupt zu gar nichts anderem fähig als zum Vormich-Hinstarren«. Und: »Von M.[arlene] D.[ietrich] werden wir, scheint mir, nichts mehr hören. Vielleicht war der Brief dumm, den ich ihr geschrieben habe.«[23] Letzteres kann niemand mehr beurteilen, er ist nicht erhalten. Ohnehin grenzt es an ein Wunder und ist ausschließlich der buchhalterischen Akkuratesse von Marlenes Ehemann Rudi Sieber zu danken, wie viele Dokumente nicht verloren gingen. Darunter ein Telegramm Seeligs an die Dietrich vom 3. August 1934, eingelangt um 7 Uhr 24 in Beverly Hills: »Erbitte herzlichst Hilfe fuer Polgar«.[24] Am selben Tag wurden telegraphisch 200 Dollar überwiesen.[25] Es kamen noch weitere Überweisungen per Depesche. Wirkungsvoll wusste Seelig an das Mitgefühl der Gönnerin zu appellieren. Ob Polgars Brief an ihn vom Ende August aus Oberdellach in Kärnten, den er der Dietrich diskret weiterschickte, aus dem Jahr 1934 stammt, ist unklar. Allerdings würde er in diese Periode höchster seelischer Not passen: »In dem Dunkel ringsum ist Ihre Freundschaft eine Lichtung, wo ich mich gerne aufhalte. Ich rette mich dorthin aus dem Empfinden der Verlassenheit und Verlorenheit, das mich bis an den Rand füllt. [...] Das Ärgste vom Argen ist die grenzenlose Müdigkeit, die ich mit keinem Energie-Aufwand von mir abschütteln kann. Wenn ich sage, daß ich lebens-müde bin, ist das nicht im Sinn eines Selbstmordkandidaten gemeint, aber können Sie sich nicht vorstellen, daß einen einfach die Kräfte für die Funktionen, Notwendigkeiten, Zeremonien und Heucheleien des Lebens verlassen?«[26]

Ja, Alfred Polgar veröffentlichte in jenen Jahren immer wieder Texte – im Pariser *Neuen Tage-Buch*, in der Basler *National-Zeitung*, im *Prager Tagblatt*. Oft waren es Glossen zur Zeit, antifaschistische Publizistik, deren satirische Schärfe mitunter von der Trauer um eine zerstörte Kultur, über die Bestialität, die an Stelle der Humanität getreten war, übertönt wurde. Sogar drei Bände von ihm kamen heraus: Bei Allert de Lange in den Niederlanden »In der Zwischenzeit« (1935), im Zürcher Humanitas Verlag, der auch Musils »Nachlaß zu Lebzeiten« druckte, »Sekundenzeiger« (1937) und schließlich – bei Oprecht 1938 – das »Handbuch des Kritikers«. Die Vorschüsse und Honorare machten, wie bei den meisten Exilschriftstellern, lediglich einen Tropfen auf dem heißen Stein der notwendigen Überlebensressourcen aus. In Marlenes nachgelassener Bibliothek entdeckt man den noch in der Weimarer Republik herausgekommenen Band »Ansichten« mit Widmung (»im Sept. 1934«): »Marlene Dietrich, der Vielgeliebten, die das zu sein als Frau und Künstlerin den höchsten Anspruch hat.«[27] Marlenes Exemplar von »In der Zwischenzeit« trägt als Inschrift ein Hamlet-Zitat: »Und was ein armer Mann, / wie Hamlet ist, / Vermag, Euch Lieb' und / Freundschaft zu erweisen – / So Gott will, soll geschehn. / Alfred Polgar / Wien, Mai 1935.«[28] Sei's absichtlich, sei's unbewusst – der Widmende hat die klassische Übersetzung Schlegels korrigiert: Aus »bezeugen« wurde »erweisen«, aus »nicht fehlen«: »geschehn«.

Am 29. Juli 1936 schrieb er der Dietrich, auch weil er befürchtete, sie könnte etwas über ihre Zuschüsse ausplaudern, aus Salzburg-Aigen: »Sie sind, endlich einmal, in Europa! Besteht eine Möglichkeit, Ihnen in absehbarer Zeit irgendwo auf diesem Erdteil zu begegnen? Sie werden verstehen, wie lebhaft Bedürfnis und Wunsch in mir sind, einmal 5 Minuten mit Ihnen zu sprechen und Geschehenes [von Polgar handschriftlich zu »Einiges« verbessert] zu erklären. Aber wie schwer sind Sie, verehrteste Frau Marlene, hinter Ihrer Barrière von Arbeit, Ruhm, Inanspruchnahme zu erreichen? Finden Sie, bitte, so schwer es zu finden sein mag, das

Douglas Fairbanks jr. und
Marlene Dietrich in St. Gilgen, 1937

bisschen Zeit für ein paar Zeilen Antwort auf diesen Brief!«[29] Die Bitte wurde, über jedes erwartbare Maß hinaus, erhört: Polgar traf sie in den folgenden Wochen des Öfteren. Denn Marlene ließ sich ausgerechnet in seiner Nachbarschaft vorübergehend nieder, sie mietete »ein kleines Chalet, ganz in der Nähe von Max Reinhardts prächtigem Schloß Leopoldskron«[30]. Im sehr persönlichen Reisegepäck hatte die Diva, das war sie längst: ihre Tochter Maria, genannt Heidede, den Kindsvater und ewigen Sozusagen-Gatten Rudi Sieber in Begleitung von dessen ständiger Geliebten Tamara Matul (»Tami«), und schließlich – zum eigenen Vergnügen, frau gönnt sich ja sonst nichts – ihren damals aktuellen Liebhaber, Douglas Fairbanks jr. Die familiärerotischen Verhältnisse von »Miss Dietrich«, als die sie im angelsächsischen Raum firmierte, waren nun einmal ziemlich komplex. Die Eheleute titulierten einander mit »Mutti« und »Pappilein«.

Polgars Dank für ihre ungebrochene Hilfsbereitschaft und die Gunst mehrfacher Realpräsenz stammt vom 19. August 1936, immer noch aus dem »Haus Dr. Gmelin« in Salzburg-Aigen: »Liebste, beste M.D.: Sie beschämen mich durch Ihre Güte und Noblesse! Und ich bin zu schwach (zu mürbe geworden durch Zeit und Schicksal), als daß ich die Kraft aufbrächte, eine Hilfe abzulehnen, die anzunehmen mir so leicht gemacht wird! Ist es ein sehr schiefes Licht, in dem ich Ihnen erscheine? Ich kann vorderhand nur danken für alles Liebe, das Sie mir erweisen, für die rührende Zartheit, in der Sie es tun, vor allem auch für die Erfüllung meiner Bitte, keine Dritten in unser Geheimnis einzubeziehen. Seien Sie auch auf's Schönste bedankt für das Bild und die Worte darauf, die meiner armen Seele wohl tun. – Traurig, daß Sie fort sind: Es war gut, Sie alle Tage leibhaftig zu sehen und feststellen zu können, was für ein feiner wie glänzend-aparter Einfall der Schöpfung es war, Sie zu erfinden.« Wichti-

Haus D Gemelin
Aigen b. Salzbg
19. 8. 36

Liebste, beste M. D.: Sie
beschämen mich durch Ihre Güte und
Noblesse! Und ich bin zu
schwach (zu müde geworden
durch Zeit und Schicksal), als
daß ich die Kraft aufbrächte, eine
Hilfe abzulehnen, die anzunehmen
mir so leicht gemacht wird! Ist
es ein sehr schiefes Licht, in dem
ich Ihnen erscheine? Ich kann
vorderhand nur danken für alles
Liebe, das Sie mir erweisen, für
die rührende Zartheit, in der Sie
es tun, vor allem auch für
die Erfüllung meiner Bitte,
keinen Dritten in unser Geheimnis
einzubeziehen. Seien Sie auch
auf's schönste bedankt für

das bezaubernde Bild und die
Worte darauf, die meiner armen
Seele wohl tun. –

Traurig, daß Sie fort sind!
Es war gut, Sie alle Tage
leibhaftig zu sehen und feststellen
zu können, was für ein ebenso
feiner wie glänzend=aparter
Einfall der Schöpfung es war, Sie
zu erfinden.

Kann ich nicht, in irgendwelcher
Form, Ihnen gefällig sein?
als Ihr Ghostwriter etwas für Sie
leisten? Jede solche Arbeit,
auch unhonoriert, wäre mir
eine Herzensfreude.

Ich brauche wohl nicht zu
sagen, wie <u>froh</u> es mich
machen würde, ein Lebens=
zeichen von Ihnen zu bekommen;

und zu hören, daß Sie in einer
Tätigkeit sind, die Ihnen Spaß
macht und Ihren künstlerischen
Ansprüchen halbwegs gerecht
wird. Am sichersten erreichen
mich Mitteilungen jeder Art
an meine Wiener Adresse:
I. Stallburggasse 2. Bis
bis Ende des Monats bin ich
hier in Aigen.

    Adieu, liebste M.D.!
Es ist schön, daß es Sie
gibt.
       Tausend herzlichste
Grüße von Ihrem
            Alfred Polgar

ger ist das Folgende: »Kann ich nicht, in irgendwelcher Form, Ihnen gefällig sein? Als Schriftsteller etwas für Sie leisten? Jede solche Arbeit, auch unhonorirt [sic!], wäre mir eine Herzensfreude.«[31] Der richtige Augenblick ließ nicht allzu lange auf sich warten. Nach sieben Produktionen unter der liebevoll tyrannischen Regie ihres »Schöpfers« Josef von Sternberg – denn erst er hat den Mythos Marlene erschaffen, die gefährliche Attraktivität dieser Frau als Licht- und Schattenzauberer geradezu kultisch inszeniert – war die Zusammenarbeit an ihr organisches Ende gelangt. Mit »The Devil is a Woman« (»Die spanische Tänzerin«, 1935), mit Fug und Recht der Lieblingsstreifen der Dietrich, wird darin doch die Magie ihrer Erscheinung, das Rätselhafte ihres Gesichtes am raffiniertesten präsentiert. Alfred Kerr, nach Frankreich geflohen, hat das Phänomen ihrer überwältigenden Leinwand- und daher auch Phantasiegestalt ins prägnante Wort gefasst: »Und man blieb von Schönheit erschüttert. Das ist es: von Schönheit erschüttert.«[32]

Genauer betrachtet aber entsprachen Sternbergs höchst artifizielle, zuweilen manieristische Kunstfilme seit »Marokko« kaum dem Publikumsgeschmack Mitte der dreißiger Jahre. Was wir heute in der auf die Spitze getriebenen Künstlichkeit von »The Scarlet Empress« (»Die scharlachrote Kaiserin«), in der Analyse von Sexualität und Herrschaft als beinahe avantgardistisch bewundern – der von Sternberg gewünschte, von der

Hollywood-Selbstzensur verhinderte Titel »Her Regiment of Lovers« hätte sowohl für den Männerkonsum Katharinas der Großen als auch für jenen Marlenes gepasst –, kann anno dazumal großteils nur auf Befremden gestoßen sein.

Doch noch war Marlene Dietrich mehr als die glamouröseste, die bestbezahlte Frau der Welt. Damit ist es vorbei gewesen, nachdem sie vom Verband der amerikanischen Kinobesitzer – zusammen mit Joan Crawford, Bette Davis, Greta Garbo und Katharine Hepburn – in Anzeigen als »Kassengift« diffamiert worden war. Paramount ließ es sich eine enorme Summe kosten, 250 000 Dollar, damit sie von einem vereinbarten Engagement zurücktrat.[33] 1937 wurde daher Polgars Angebot, ihr mit seinen literarischen Kräften zu Diensten zu sein, plötzlich aktuell. Nicht, weil sich Marlene davon eine Verbesserung ihrer Position in Hollywood erwartet hätte. Trotz vieler Avancen liebäugelte sie auch keineswegs mit einer Rückkehr nach Deutschland, sie hatte um die amerikanische Staatsbürgerschaft angesucht, die sie 1939 erhielt: Die Dietrich verachtete die Nazis aus tiefstem Herzen, musste lediglich wegen ihrer Familie in Berlin gewisse Rücksichten nehmen. Obendrein gab es für Publikationen eines verfemten österreichischen Juden im Dritten Reich keinerlei Vertriebsmöglichkeiten. Der Absatzmarkt war von vornherein auf Österreich, die Schweiz und die Prager deutschsprachigen Juden beschränkt. Vielleicht erhoffte sich Marlene indes von der Darstellung eines Literaten von Rang eine Art Bestätigung ihres Ausnahmecharakters als Schauspielerin, als Künstlerin, so wie es einst – 1931 – Franz Hessels kleines, zauberisches Porträt[34] gewesen war, mit seinem schönen Motto: »Engel sollen nicht sterben!« Bereits zu Beginn ihrer Weltkarriere hatte sie einen Wahrer ihres Rufs in europäischen Eliten durchaus gebrauchen können: Hessel, der Freund Polgars und Walter Benjamins und Übersetzer Prousts, nahm die Dietrich »unausgesprochen in Schutz gegen den grämlichen Hochmut seiner intellektuellen Standesgenossen«[35]. Und ein weiteres, nicht zu unterschätzendes Motiv: Auf diese Weise verhalf sie Polgar zu Einkünften, die für ihn nicht den entwürdigenden Beigeschmack der milden Gabe hatten.

Wilhelm Frick[36] zu Wien, der 1937 auch den Band von Franz Horch »Paula Wessely. Weg einer Wienerin« herausbrachte,[37] war der ausersehene Verlag. Kein leichtes Unterfangen, vor allem, was den Kontrakt des Porträtisten Polgar betraf. Im Sommer 1937 traf er die Dietrich in Salzburg, das Ehepaar Sieber hatte ein Haus in St. Gilgen gemietet (»Grüne Fensterläden mit ausgesägten Herzen, gemusterte Vorhänge hinter Sprossenfenstern, eine grüne Bank in der Sonne vor dem Haus und überall grellrote Geranien«[38]), dachte sogar an den Erwerb eines Wohnsitzes in Österreich. 1952 wird sich Friedrich Torberg, der mit der Dietrich in den USA im Gegensatz zu Polgar tatsächlich befreundet war, an ihre Erscheinung im Salzkammergut erinnern: »Wir sind bis Ende August in St. Gilgen, ziemlich nah unterhalb von wo Du in gelbem Strohhut blass und rot herabgestiegen, ich denk's wie heut und es war doch schon gestern.«[39]

Marlene hatte nicht allzu viel Zeit, sie musste regelmäßig mit einem ihrer Liebhaber (dem Polgar-Freund Hans Jaray in Wien, der die Liaison in seinen Memoiren

Marlene Dietrich besucht Willi Forst (rechts) am Set und lernt Hans Jaray (links) kennen

sorgsam aussparte) telefonieren, und nach Salzburg Stadt zog es sie zu Goethes »Faust« in Reinhardts alter Inszenierung.[40] Aber wenigstens der erste Teil eines Interviews für das geplante Buch konnte stattfinden, wie Polgar in seiner Monographie festhielt: »In dem St. Gilgener Bauernhaus, allein und abgetrennt von den sinnfälligen Freuden der Geltung und Berühmtheit, schien

Ferienhaus Marlene Dietrichs in St. Gilgen

Marlenes Stimmung jenen Grad in der Skala der Empfindungen erreicht zu haben, der, wenn es ihn überhaupt gäbe, dort als ›Zufriedenheit‹ angemerkt wäre.«⁴¹

Listig lieh sich Polgar dabei »allein und abgetrennt« von Mignons Lied »Nur wer die Sehnsucht kennt …« aus Goethes »Wilhelm Meister«. Eine bizarre Volte der Zeitgeschichte: In der guten Stube des ländlichen Domizils, in deren Ausgestaltung von den Mietern einiges Geld gesteckt wurde, sollte nicht einmal ein Jahr danach ein anderer Geist wehen. Die Vermieterfamilie zeigte sich nämlich vom »Anschluss« Österreichs ans Dritte Reich begeistert, hielt zugleich ihren Gästen, die nie mehr wiederkehrten, anfangs verbal die Treue. In einem Brief an Rudi Sieber vom 4. Mai 1938 wird es heißen, man hoffe, »dass Sie doch wieder mal nach St. Gilgen kommen. Sie müssen doch Ihre Bauernstube ansehn. Sie u.[nd] Ihre Frau Gemahlin sind ja auch ›drinnen‹. In einer Ecke links, Hitler u.[nd] in der Ecke rechts, Marlene. Habe ich's recht gemacht?«[42]

Bis zum Abschluss eines Vertrages zog es sich hin, immer wieder gab der Pessimist Polgar den Fall verloren. So in einem Brief aus Wien an Liesl Frank vom 7. August 1937: »Wegen des Dietrich-Buchs gab es zwischen dem Verlag und mir noch Besprechungen und Verhandlungen, auch Telegramme und Briefwechsel mit der D.[ietrich]. Aber jetzt antwortet sie schon gar nicht mehr, ich weiß nicht, wo sie ist, der Verleger fordert Kautelen. Sicherheiten und bekommt (Wiener!) Krämpfe, wenn von Vorschuss die Rede ist. Dabei hat der Gedanke, in heutiger Zeit als Psalmodist einer Film-Diva 150 Seiten unter meinem Namen von mir zu geben, etwas kaum Erträgliches, und ich hätte längst die (wie ich ja glaube, ganz aussichtslosen) Verhandlungen abgebrochen, wenn meine Lisl mir nicht erzählt hätte, Du wärest der Ansicht, in meiner Situation dürfe ich mir keinerlei litterär-moralischen Luxus erlauben.«[43] Das war in der Tat die realistischere Perspektive. Sich mit ihr anzufreunden, fiel Polgar, der – bei aller offenkundigen Bescheidenheit – ein stolzer, ein auf seine Unabhängigkeit stolzer Schriftsteller, ein Herr ohne herrische Allüren gewesen ist, unendlich schwer. Und Marlene Dietrich ist gegen das leitmotivische Lamento, sie sei nicht zu erreichen, sie antworte nicht, in Schutz zu nehmen. Sie hatte auch andere Sorgen, und jene um Polgars Buch über sie rangierte eher am unteren Ende.

Im Oktober 1937 reiste Polgar nach Paris, um dort das Gespräch fortzuführen. Er sah sich auch einige Dietrich-Filme an. Seine Resümee: »Die paarmal Beisammensein mit der D.[ietrich] waren nett, aber anstrengend und, dies vor Allem, völlig unergiebig. Sie läßt sich das Buch gefallen, tut aber nichts, das einer wirklichen (und doch so notwendigen) Mitarbeit ihrerseits gleich käme. Und die ganze Sache bekam den falschen Anstrich, als brenne ich auf das Buch, und sie lasse sich dazu bewegen, sein Erscheinen zu dulden«[44], beklagte er sich bei Carl Seelig. Viel lieber hätte er sich einem Romanprojekt gewidmet, war allerdings auf den Vorschuss des Verlages angewiesen. Zusätzlich zogen sich die Vertragsverhandlungen in die Länge. Erst am 26. Oktober 1937 erfolgte die von Sieber ausformulierte schriftliche Einigung Marlene Dietrichs mit dem Frick-Verlag: »Ich erteile Ihnen die Berechtigung, ein Buch ueber mich durch ALFRED POLGAR in deutscher Sprache herauszugeben und verpflichte mich, waehrend dreier Jahre, vom Tage des Erscheinens gerechnet, niemandem ausser Ihnen die Berechtigung zu erteilen, ein Buch ueber mich in deutscher Sprache herauszugeben. Ich verzichte auf alle Tantiemen, falls Alfred Polgar die von ihm verlangte Bevorschussung tatsaechlich erhaelt. Sollte das Buch infolge Krankheit oder Unvermoegens Alfred Polgars nicht zustandekommen, ist obige Abmachung hinfaellig, da meine Zusage zu einem Buch ueber mich nur Alfred Polgar als Autor vorsah.«[45]

Dieser bat bei Sieber um Verständnis für Mühe und Plage und Verwicklungen, die diese Causa bereitete: »Es täte mir leid, wenn nichts würde aus der geplanten Arbeit, in die – von anderem abgesehen – schon so viel Geschriebenes und Geredetes, so viel Zeit und Nervensubstanz investiert wurde (auch von Ihnen und Ihrer lieben Frau). Aber es liegt nun einmal durchaus in der Linie meines Schicksals, dass Erhofftes mit der gleichen Sicherheit nicht eintrifft, mit der Gefürchtetes eintrifft.

Seien Sie nicht ärgerlich, dass Sie und Frau Marlene so viel Schereien und Belästigungen um einer Sache willen haben, die für Sie und die gnädige Frau doch eine Bagatellsache ist.«[46]

Der Vorschuss betrug 3000 Schilling, nach Ablieferung des Manuskriptes wären weitere 1000 Schilling fällig gewesen.[47] 3000 Schilling 1937 hätten mittlerweile den Gegenwert von 10170 Euro. Mitte Dezember nannte Polgar die Abfassung des Buches eine »bittre, schwere Arbeit. [...] Es passirt (sic!) mir beim Schreiben zu häufig, daß ich, des trocknen Tones satt, in eine ironische Einstellung zum Thema hineinrutsche.«[48] Eine Woche danach hatte sich die Schreiblaune noch nicht gehoben: Er nötige sein »obstipiertes Gehirn, unter Krampferscheinungen Geeignetes von sich zu geben« und seufzte: »Wäre nur Weihnachten schon vorbei!«[49]

Am 22. Januar behauptete er, »etwa in der Hälfte« zu sein, »wie eine schwere Krankheit«[50] laste der Auftrag auf ihm. Aber bis Anfang März, während sich über Österreich das politische Unwetter zusammenbraute, dürfte er fertig gewesen sein. Nicht nur der Not gehorchend, sondern auch dem eignen Triebe, zitierte er darin ausgiebig seinen Freund Franz Hessel: als Hommage an einen großen Prosaisten, den Gefährten in der Verfolgung. Mit seiner Geschichte »Der Lastträger«, erstmals Ende 1943 in New York publiziert, hat Polgar ihm ein Buchstaben-Monument der Zuneigung, der Liebe errichtet: »Er war eine reine Seele und schrieb ein reines Deutsch. Unter seinem Blick und Wort wandelte sich die Finsternis rundum zu einer Nacht aus tausendundeiner, schrumpfte diese Welt von Teufeln zu einem Spielwerk zusammen, dessen Mechanismus zu betrachten die Qual, in ihm eingeschaltet zu sein, lohnt.«[51]

Unfreiwillige Weltreise

Zwischen 8. und 10. März 1938 reiste Alfred Polgar, der absolute Skeptiker in allen politischen Fragen, im Nachtzug nach Zürich, mit sich nahm er den abgeschlossenen Dietrich-Text. Österreichs Ende, den Einmarsch von Hitlers Truppen am 11. März, erlebte er in der Schweiz. Seine Frau Lisl erreichte am Samstag, dem 12. März, »mit dem letzten noch möglichen Zug«

Zürich. »Sie kam (wie ich) mit dem Nötigsten an Kleidern, Wäsche. Das große Gepäck blieb in Wien. Ob es noch dort ist, ob Lisls Wohnung und mein Atelier nicht schon von den Nazis weggenommen sind, wissen wir nicht. Jedenfalls ist es unmöglich, irgendwas aus Wien hieherzubekommen. Lisl bangt um ihren Sohn, ihre Eltern und Geschwister. Ich habe eine alte Schwester in Wien, die mit ihrem Kind von mir gelebt hat. Nichts zu tun, als sie, die nicht aus der Hölle rechtzeitig herauskonnten, ihrem Schicksal zu überlassen. Die Einzelschicksale der Freunde, soweit Nachricht darüber hieher kommt, sind furchtbar. Ich erspare Euch Details. Die harmlosesten, anständigsten Menschen verhaftet, ihrer Habseligkeiten beraubt, verloren. Selbstmorde sozusagen am laufenden Band. Unter den Juden ein unvorstellbares Elend. Zeitungs- und Theaterleute rudelweise verhaftet. Denen, die nur weggejagt wurden, hat man die Pässe abgenommen.«[52]

Spuren von Polgars verschwundener Bibliothek finden sich in Archiven. Egon Peter Friese, seit 1933 Mitglied der NSDAP und ein ebenso zielstrebiger wie versierter »Arisierer«, wurde auch wegen der Beschuldigung von der österreichischen Justiz gesucht, sich Polgars Bücher angeeignet zu haben. Das 1950 infolge des Amnestiegesetzes eingestellte Verfahren galt jedoch vor allem der von Friese gemeinsam mit einem befreundeten SS-Unterscharführer »arisierten« Sekt- und Likörfirma P. M. Mounier, zu der auch eine Weinhandlung im dritten Bezirk gehörte.[53] Dort, in einem Keller in der Ungargasse, soll 1945 die eingelagerte Bibliothek verbrannt sein.

Das einzig Positive in der Fülle der Katastrophennachrichten: Enge Freunde, Lili Darvas, die Frau von Franz Molnar, hatte es mit ihrem Geliebten Hans Jaray, der ja auch in der Galerie der Dietrich-Liebhaber figurierte, am Vortag über die Schweizer Grenze geschafft.[54] »Wir hatten sehr um sie gezittert. So wie sie aussahen, stelle ich mir Menschen vor, die im Bergwerk tagelang verschüttet waren. Und es noch nicht glauben können, daß es wieder Luft zum Atmen gibt.«[55]

In der Schweiz eine längerfristige Aufenthaltsberechtigung zu erlangen, war nicht allein für das Ehepaar Polgar ein Ding der Unmöglichkeit. Paris bot sich als nächste Fluchtstation an. Nach dem 11. März hatte das Büchlein über die Dietrich keinen Verlag mehr.[56] Wie einen neuen deutschsprachigen finden? Obwohl die Chancen gegen Null tendierten, gab Polgar, mit dem Mut der Verzweiflung, nicht auf. Am 12. April teilte er Sieber mit, er sei »mit dem fertigen ›Marlene‹-Manuskript« in Paris. »Es wäre manches dazu zu sagen. Wollen Sie die Güte haben, mir mitzuteilen, wann und wo Sie für mich einen halbe Stunde Zeit hätten?«[57] Er hatte keine Zeit für ein Treffen. Am 14. April vertraute Polgar daher das Konvolut der französischen Post an: »Hier ist also das Ms. Verfahren Sie, bitte, damit nach Gutdünken. Ich bin ja leider in der ganzen

Sache zu völliger Passivität verurteilt. Vielleicht haben Sie die Freundlichkeit, mich wissen zu lassen, ob Ihnen die Arbeit halbwegs zulänglich erscheint«.[58] Der Absender hörte gut drei Wochen nichts und meldete sich darum aus Zürich, um nachzuhaken: »Ich wäre Ihnen für eine Mitteilung dankbar, ob Sie und Frau Marlene – der ich meine allerschönsten Grüße zu übermitteln bitte – schon schlüssig geworden sind, was mit unserem Manuskript geschehen soll. Dem Wiener Verlag das Manuskript abzuliefern, besteht nach Lage der Dinge keinerlei Verpflichtung mehr. Ich glaube, es könnte nicht schwer sein, einen englischen oder amerikanischen Verleger für solch ein Buch über Marlene Dietrich zu gewinnen. Insbesondere dann nicht, wenn Sie oder die gnädige Frau selbst einen Schritt in dieser Richtung unternehmen wollten. Auch käme vielleicht in Frage, die Produktionsfirma, für die Frau Marlene in nächster Zeit tätig sein wird, für die Herausgabe des Buches im Selbstverlag zu interessieren. Jede Aenderung oder Erweiterung des Textes, die gewünscht würde, bin ich gern bereit, vorzunehmen. Sollte eine Amerikanisierung des Manuskriptes notwendig erachtet werden, so wäre ich natürlich damit einverstanden, dass es einem amerikanischen Schriftsteller zur entsprechenden Bearbeitung überlassen wird. Ob das Buch in einer also geänderten Form mit meinem Namen oder ohne ihn erscheinen soll, bliebe Ihrem Ermessen anheim gestellt.«[59]

Sieber reagierte am 13. Mai: Columbia Pictures, die Produktionsfirma, bei der Marlene ihren nächsten Film machen werde, sei nicht in der Lage, den Band im Selbstverlag erscheinen zu lassen. »Es gibt sicherlich noch viel ueber das Buch zu sprechen, besonders wenn es englisch erscheinen soll; dazu wird bestimmt Gelegenheit sein, wenn Sie nach Paris kommen. [...] Aenderungen und Erweiterungen des Textes, die besonders durch die neu geschaffene Situation notwendig sind, sind sicher leicht vorzunehmen, wenn wir erst mal einen Verleger gefunden haben.«[60]

Zwei Arten von Korrekturen sind auf den Seiten zu erkennen: die einen, in Polgars Handschrift, in Tinte ausgeführt. Die anderen von fremder Hand, wahrscheinlich derjenigen Rudi Siebers, mit Bleistift: Eine tatsächliche Verbesserung: Polgar hatte aus dem berühmt-berüchtigten Duett »Wenn die beste Freundin mit der besten Freundin« aus der Revue »Es liegt in die Luft« verharmlosend »gute« Freundinnen gemacht. Gestrichen wurden einige Zeilen zum Ruhm der Hausfrau Marlene Dietrich. Der markanteste Eingriff besteht nur aus einem Strich und zwei Worten: Im Original hieß es: »Im Sommer 1937 bewohnte Marlene mit Mann und Freundin ein entlegenes Bauerngehöft am Wolfgangsee.« Der Hinweis auf Tamara Matul und die unorthodoxe Ehekonstellation (»und Freundin«) fiel der Zensur des Paares Dietrich-Sieber zum Opfer.

Marlene Dietrich, ihre Tochter Maria
und Tamara Matul in Salzburg, 1937

Zwar wussten alle, die sie persönlich kannten, davon, aber schwarz auf weiß für eine anonyme Leserschaft schien derlei Information deplatziert.

Dass an eine Publikation der Marlene-Monographie damals im Grunde nicht zu denken war, wurde Polgar erst langsam klar. Nachzuprüfen an knappen Bulletins, die er Carl Seelig nach Zürich übermittelte: Am 29. Mai 1938: »Die Dietrich-Sache geht keinen Schritt voran.«[61] Am 10. Juni: »Die Möglichkeit, das Buch über die Dietrich erscheinen zu lassen, ist auf unbestimmte Zeit verschoben. Ich habe die D.[ietrich] nicht ein einziges Mal zu Gesicht bekommen, nur ein paar mal mit ihrem Mann telefoniert.«[62] Und im August, als er sich schon – aus ökonomischen Gründen – aus Paris in das Seebad Cabourg in der Normandie zurückgezogen hatte, das endgültige Aus: »Mit dem Dietrich-Manuskript ist nicht das geringste anzufangen.«[63] Nicht allein deshalb war seine Stimmung schon vorher miserabel. Liesl Frank schrieb er einen zehnseitigen Brief: »Das Meer ist, unbestreitbar, das Meer. Aber meine Beziehungen zur Natur haben sich sehr gelockert. Es gibt keine Orte, es gibt nur Menschen. Ich habe keine. Ich habe, Euch ausgenommen, keinen Freund. Die par [sic!], die ich in Wien hatte, sind fast alle im Dickicht der Ereignisse und des Elends verschwunden. Ich wüßte nicht einmal jemand, dem ich schreiben könnte oder möchte. So fresse ich meine Wut und erzwungene Resignation, meine Sehnsucht und Bitterkeit in mich hinein. Und verdaue sie nicht.«[64]

Mit dem Scheitern des Buchprojekts brach der Kontakt zu Marlene Dietrich ab, zumindest liegen keine Zeugnisse für eine Fortsetzung vor. Während sie mit ihrem Hofstaat, zu dem auch der relativ neu erworbene Lover Erich Maria Remarque[65] gehörte, an der Riviera residierte, schlug sich der Ex-Autrichien Polgar in Paris mit den Behörden herum. Auch der Kampf um Papiere war ein Existenzkampf. Regelmäßig unter-

Marlene Dietrich zwischen Erich Maria Remarque (rechts) und Josef von Sternberg

stützte ihn Seelig, sein guter Samariter in der Schweiz, mit Geldsendungen – über deren Herkunft sich der damit Bedachte nicht ganz im Klaren war. Umso mehr irritierte ihn ein Gerücht, das ihn im Dezember 1938 erreichte: »Lieber Freund«, empörte er sich gegenüber Seelig, »ich höre, (leider so spät), dass Herr Remarque auf ein Unterstützungsverlangen, das von irgendwelcher Seite an ihn gelangt ist – es ist schon längere Zeit her – ablehnend geantwortet hat mit der Begründung, er könne nichts tun, weil er mich (A. P.) erhalten müsse! Sie können sich denken, dass diese Mitteilung mich sehr erregt hat. Ehe ich nun aber für die lügenhafte Behauptung von Herrn Remarque Rechenschaft verlange, muß ich Sie fragen, ob nicht von den vielen materiellen Hilfen, die durch ihre Güte mir im Lauf der Zeit zugekommen sind, auch solche Remarque'scher Provenienz sich befinden. Es wäre ja ganz gut möglich, dass Sie mir, aus Zartgefühl und Schonung, eine derartige Hilfe verschwiegen hätten – und dann wäre die Behauptung Remarques doch immerhin einigermaßen fundiert. [...] Ich bin von der ganzen Sache (von der, wie es scheint, Leute wissen) in dem Rest an Selbstgefühl, der mir noch geblieben ist, sehr getroffen. Ich frage mich, ob nicht vielleicht die innige Beziehung Remarque-Dietrich da eine Rolle spielt.«[66]

Diese Vermutung war wohl zutreffend. Auf gemeinsamem Kopfpolster werden gerne Secreta ausgetauscht. Das ist der Fluch der guten Tat: dass sie sich, wenn sie halböffentlich wird, in einen Fluch verwandelt. Seinem Helfer Seelig versuchte Polgar zu erklären, weshalb ihn diese vermeintliche Lappalie dermaßen verstörte: »Sie werden (und mit wieviel Recht, weiß Gott!) die Achseln zucken über die Bedenken und Empfindlichkeiten, mit denen ich Ihnen komme. Ich weiß, dass ich, als Empfänger so vieler Hilfen und Unterstützungen und Geschenke, die Ihre Freundschaft für mich hergezaubert hat, mir nicht mehr erlauben darf, den Sensitiven hervorzukehren. Und dass es schon Wurscht ist, ob einer fälschlich oder richtig behauptet, er hätte mir Geld gegeben. Ich kenne genau die moralische Situation, in die ich hineingesunken bin. Dennoch müssen Sie mir glauben, dass ich, wenn mir diese Situation so recht zu Bewußtsein kommt (wie jetzt), qualvoll unter ihr leide.«[67]

Am 1. September 1939 überfiel Hitlers Wehrmacht Polen: Der Zweite Weltkrieg hatte begonnen. Am 7. September begannen die Dreharbeiten zu Joe Pasternaks und George Marshalls Western »Destry rides again« mit James Stewart und Marlene Dietrich als Frenchy. Ihre furiose Kampfszene mit Una Merkel ging in die Filmgeschichte ein. Ihr Auftritt wurde, meint ihr Biograph Steven Bach, das »triumphalste Leinwand-Comeback aller Zeiten«[68]. Marlene war jedoch nicht nur mit ihrem fangfrischen Liebhaber Jimmy Stewart und dem bereits fast abgelaufenen Liebhaber Remarque beschäftigt, sondern widmete sich in diesen Wochen am Set auch der Hilfe für Verfolgte in Europa. »Was diese Frau für die Flüchtlinge, für alte Freunde und sogar für ihre *Feinde* getan hat«, wird sich der Drehbuchautor Felix Jackson erinnern, »ist unglaublich ... Ich kenne Dutzende, die sie gerettet hat, ohne ein Wort darüber zu verlieren«.[69] Am 3. Jänner 1939 hatte Polgar, in einem Brief an Liesl Frank, noch bitter gescherzt: »Ich für mein Teil habe keine Ansprüche mehr an's Leben außer den, es möglichst katastrophenlos fertig zu leben. Auch möchte ich noch gern Zeitgenosse von Hitlers triumphalem Einzug in Paris sein, zu dem die Schaffung der moralischen Voraussetzungen hier im besten Zuge sind [recte: ist].«[70]

Polgar wurde Zeitgenosse, nicht Augenzeuge des

triumphalen Einzugs. Gleich Abertausenden Emigranten musste er in die unbesetzte Zone fliehen. Der Sommer und Spätsommer 1940 war die schlimmste Etappe auch in Polgars Fluchtgeschichte. Eine Reise auf Leben und Tod. Ohne die Hilfe von Liesl und Bruno Frank wäre sie wohl nicht geglückt. Wochenlang saß das Ehepaar Polgar in Montauban im Département Tarn et Garonne fest. Friderike Maria Zweig, die Ex-Frau Stefan Zweigs, die mit ihrer Tochter Suse immer wieder gemeinsam mit den Polgars unterwegs gewesen ist, berichtet: »Montauban war ein Zufluchtsort für gefährdete Intellektuelle geworden. Es war sogar ein Kaffeehaus auf einem großen Platz vorhanden, das sich bald zum Ersatz für die Cafés von Montparnasse entwickelte. Dort und überall wurde die brennende Frage besprochen: Wohin nun weiter, wie lange würde man hier noch verschont sein …«[71]

Am 16. Juni, zwei Tage nach dem Fall von Paris, schrieb Polgar verzweifelt an Liesl Frank: »Die einzige Rettung wären Übersee-Visa. Vielleicht ist es denkbar, durch direkte Intervention bei den amerik.[anischen] Autoritäten, sie für die besonders gefährdeten polit.[ischen] Flüchtlinge in Frankreich (zu denen wir uns wohl mit höchstem Recht zählen dürfen) zu beschaffen. Alles müsste raschestens geschehen. Tut, was Ihr könnt. […] Wozu noch mehr Worte? SOS.«[72] Die Interventionen, auch von Thomas Mann, hatten Erfolg. Präsident Roosevelt stellte den Flüchtlingen Notvisa zur

Verfügung, Polgar erhielt wie einige andere Autoren einen Jahresvertrag bei Metro-Goldwyn-Mayer zugesichert, die nötige Voraussetzung zur Einreisebewilligung. Am 1. August fuhren die Polgars nach Marseille, um sich Transitpapiere durch Spanien und Portugal zu verschaffen. Es wurden zermürbende Wochen des Wartens vor Konsulaten, Marseille glich einer Mausefalle. Als sie, nach Wochen abenteuerlicher Schleichwegaktionen und Behördenumgehungen in Lissabon ankamen, somit in Sicherheit waren, erstattete Polgar am 8. September ausführlichen Bericht über seine Errettung, überdies ging er dabei auf die Schändlichkeiten des Vichy-Regimes ein: »Es gab keine legale Möglichkeit, aus Frankreich herauszukommen. Das Land, das wir alle so geliebt hatten, ist in die Hände der übelsten Reaktionäre gefallen, die es der Hitlerei gleichzustellen im Zuge sind. Alle Tugenden, Reize, kostbaren Eigenheiten des franz.[ösischen] Volks werden von den Kanaillen, die jetzt hier regieren, abzutöten versucht und in Verschiß getan. Hitlers Moral- und Erziehungscodexe werden der Nation als Muster hingestellt: ›Blut und Boden‹, Spartanismus, stramme Kriecherei, Unfreiheit nach jeder Richtung hin, Judenhetze der gemeinsten Art u.s.w. u.s.w. Natürlich tobt sich die Wut über die Schande, in die die Nation geraten ist – soweit diese Wut nicht als Hitler-Anbetung sich camoufliert – in Richtung des schwächsten Widerstands aus, d.h. gegen die Emigranten. Man sperrt sie wieder in Lager und man läßt sie, bis Hitler seine Auswahl getroffen hat, nicht aus dem Lande. Da sind wir also wieder bei unserem persönlichen Fall. Legal fortzukommen: unmöglich. So versuchten wir's anders. Alles scheiterte. Tag um Tag neue Bemühungen, neue Enttäuschungen. [...] Wir waren am Rande aller Hoffnungen, als wir einen befreundeten Mann, Tschechen, trafen, der Energie und Entschlußkraft genug hatte, sich und uns um jeden Preis forthelfen zu wollen. Wir hatten kein visa de sortie (aus Frankreich), unsere Durchreise-Visa durch Spanien und Portugal standen einige Tage vor dem Ablauf – und erneuert werden sie nur gegen Vorweisen jenes visa de sortie, das an Emigranten eben nicht vergeben wird! Also ein höllischer Zirkel sans issue. Unser Mann half, indem er mit Bestechung, heimlichem franz.[ösischem] Grenzübergang u.s.w. arbeitete. Die Kosten – sie waren hoch, leider – trugen wir. Buchstäblich in letzter Minute kamen wir gestern über die portug.[iesische] Grenze (unsere Visa liefen eben gestern ab). Wir sind drei Tage und drei Nächte ohne Schlaf und nicht aus den Kleidern gekommen. Enfin: wir sind hier, und selig, daß wir hier sind, und nur zu verbraucht und physisch-geistig zu zerschunden, um der Seligkeit schon richtig froh sein zu können. [...] Ich bin mager wie – mir fällt nichts Rechtes ein: wie ... – und der einzige Anzug, in dem ich seit 3 Monaten herumziehe, schlottert mir um die Knochen. Nebenbei: unser gesamtes Zeug haben die Nazis gleich nach ihrem Einzug in Paris dort weggenommen, 7 Koffer, leider auch meine gesamten Manuskripte der letzten Zeit, Roman, ein dickes Tagebuch der Emigration, ein Skizzenband, x Zeitungsausschnitte. Ich besitze keinerlei Kopie von irgendwas, kein Fädchen Manuskript.«[73]

Am 4. Oktober 1940 verließ der griechische Dampfer »Nea Hellas« Lissabon, am Morgen des 13. legte er in New York an. An Bord waren unter anderen Alfred und Lisl Polgar, Heinrich und Nelly und Golo Mann, Leonhard Frank, Alma Mahler-Werfel und Franz Werfel sowie Friderike Maria Zweig mit ihren Töchtern. Auch wenn Polgar tatsächlich kein »Fädchen Manuskript« aus Europa gerettet hat, so hatte er doch etwas Schriftliches ungeachtet aller Strapazen über sämtliche Grenzen und über den Atlantik geschleppt: sein literarisches Schmerzenskind »Marlene. Bild einer berühmten Zeitgenossin«. Was er sich damals davon versprach, ist rational schwer zu erklären: Die Hoffnung stirbt bekanntlich zuletzt. Ein Wunder, dass der Text ungeachtet aller Mühen und Schwierigkeiten der Entstehung jene schwebende Leichtigkeit besitzt, die wir von Polgar kennen und an ihm schätzen. Kein Wunder, dass darin immer wieder der Leidensdruck der Opfer der Epoche zum Vorschein kommt. Für uns keine Minderung des Werts, im Gegenteil: eine zusätzliche Qualität – die des Authentischen.

1984 fand ich, mit der Witwe von Polgars Stiefsohn

Erik G. Ell, das Porträt in einem Koffer, den sie allein nicht öffnen wollte: im Arbeitszimmer des Verstorbenen in New York. Der sonstige Inhalt: das Romanfragment »Alter Mann« von Franz Hessel, das dessen Frau Helen Polgar 1940 nach Amerika zu treuen Händen geschickt hatte. Hessel starb am 6. Januar 1941 in Sanary-sur-Mer an den Folgen der Haft im Lager Les Milles bei Aix-en-Provence. Den Polgar-Text schenkte mir Selma (Sally) Ell, den von Hessel übergab ich einem Experten, der ihn 1987 ediert hat.[74]

Ganz gegen seine Gewohnheit brachte Polgar zum Jahresende 1940 für Liesl Frank ein Gedicht zu Papier: »Wie soll ich Dir ›Danke‹ sagen / Lieselein, für Deine Güte, / Deine Sorgen, Ängste, Plagen / Unserthalb'? Wie eine Mythe / Klingt's, wenn ich mir vorerzähle / Was Du um uns hast erduldet, / Wie viel meine arme Seele / Deiner lieben Seele schuldet! / Nimm den Vers wie er gemeint ist, / Sieh nicht seine krummen Füße / Und wie elend er gereimt ist, – / Viele schönste Neujahrsgrüße!«[75]

Das Abdienen der Stunden in den Büros der Hollywood-Studios, Polgars Kollege Alfred Döblin sprach von »Sitzhaft«, war trostlos, sicherte aber für ein Jahr regelmäßiges Einkommen. Von persönlichen Begegnungen mit Marlene Dietrich ist nichts überliefert. Alsbald startete sie eine neue, ihre amerikanisch-patriotische Karriere. Trieb Geld ein, trat vor Soldaten auf, unerschrocken begleitete sie US-Kampftruppen. Die heldenhafte, die unbezwingbare, die allzeit siegreiche Diseuse Marlene war geboren, »Lili Marlen« wurde – bis zu ihrem letzten Auftritt 1976 – gleichsam ihre persönliche Hymne. Ihr Verehrer André Heller hat sie in einer nie erschienenen Hommage für den *Spiegel* trefflich als »Primadonna assoluta der Emigration«[76] gefeiert. »Es war«, schreibt ihre Tochter Maria Riva, »die beste Rolle, die sie jemals spielte. Und es war die Rolle, die sie am meisten liebte und in der sie ihren größten Erfolg feierte. Sie sammelte Lorbeeren für ihre heroische Tapferkeit, heimste Orden und Belobigungen ein, wurde verehrt und respektiert. Sie arbeitete sich von den Mannschaftsdienstgraden bis hinauf zu Fünf-Sterne-Generälen.«[77] Wobei die Tochter nicht zu erwähnen vergisst: »Sie hatte häufig Filzläuse, doch in ihren Augen gehörte das zu einem richtigen Soldaten, und sie bestritt energisch, daß man die Tierchen von intimem körperlichen Kontakt bekam.«[78] Man muss nicht die feministische Empörung Alice Schwarzers über Maria Rivas denkmalschänderische Marlene-Charakterobduktion teilen (»Noch nie war ich so erleichtert, nicht Mutter einer Tochter zu sein, wie nach der Lektüre dieses Buches.«[79]), um dieses Erinnerungswerk als Dokument der Hassliebe zu empfinden. Es erschreckt und fasziniert zugleich. Mit grausamer Genauigkeit, zu der nur eine in mehrfacher Hinsicht missbrauchte Tochter imstande ist, wird da die Kehrseite der Ikone Marlene Dietrich in ihrem naturgemäßen, grandiosen Narzissmus vor Augen geführt. Das nur deshalb, weil die einzigen Passagen, die in Alfred Polgars Dietrich-Porträt mittlerweile überholt wirken, jene über Privates sind: über die perfekte Mutter, über die vorbildliche Ehefrau, wobei doch hin und wieder etwas von der Polgarschen Ironie aufblitzt: »Zum Abschluss noch eine Frage, liebe Marlene Dietrich: Was für schlechte Eigenschaften haben Sie? Marlene, sanft, erkältet und auf manches gefasst, überlegt ein Weilchen, dann sagt sie schlicht: ›Keine.‹ Herr Sieber kommt ins Zimmer und bekräftigt nachdrücklichst die Auskunft seiner Frau.«[80]

Dass nicht einmal ein Alfred Polgar 1937/38 hinter die glänzende Fassade der Kunst- und Kultperson, des leibhaftigen Gesamtkunstwerks Marlene Dietrich zu schauen vermochte, kann niemanden wundernehmen. Noch 1993 verteidigte Alice Schwarzer die »persönlich so prüde [ausgerechnet!] Marlene Dietrich« gegen den töchterlichen Blick, dem keine der zahllosen Affären, ob mit Männern oder Frauen, entging ...

Wir aber dürfen uns, selbst in Kenntnis von Marlenes Schattenseiten, über die Großartigkeit ihrer Schweinwerferlicht- und Jahrhundertgestalt freuen. Mit Ernest Hemingway aus dem Jahre 1952 zu schwärmen: »Selbst wenn sie nichts als ihre Stimme hätte, könnte sie einem damit das Herz brechen. Doch sie hat dazu noch diesen schönen Körper und die zeitlose Schönheit ihres Gesichts.«[81]

Der amerikanische Staatsbürger und Wiener jüdische Emigrant Alfred Polgar starb am 24. April 1955 in Zürich. Die amerikanische Staatsbürgerin und Berliner, sehr preußische Emigrantin Marlene Dietrich überlebte ihn um 37 Jahre: Sie starb am 6. Mai 1992 in Paris.

Einmal noch kehrte die Dietrich zu Polgar zurück: als Leserin, die sie schon einst gewesen war. In ihrem Exemplar seines einzigen bei Lebzeiten erschienenen Taschenbuchs, »Im Lauf der Zeit« in der Auflage von 1959, interessierte sie am meisten das »Gespräch über das Alter«. Folgende Sätze hat sie rot unterstrichen und mit einem x am Rand markiert: »Meine Jahre würde ich nicht merken, wenn man mich nicht immerzu daran erinnerte. Mein Alter würde ich nicht spüren, wenn nicht die anderen darauf bestünden, daß ich es zu spüren habe.«[82] Marlene Dietrich fühlte sich bis ins Tiefste verstanden. Der Kampf um ihre »zeitlose Schönheit« gegen Alter und Gebrechlichkeit war der einzige, den sie schließlich verlor, verlieren musste ...

ANMERKUNGEN

1 Siehe vor allem: Christian Pape: Verdrängt, Verkannt, Vergessen? Ein Beitrag zu Leben und Werk von Adolf Josef Storfer. In: *Chilufim. Zeitschrift für Jüdische Kulturgeschichte* 12/2012. S. 5–26.
2 Alfred Polgar: A.J. Storfer. In: A.P.: Kleine Schriften. Band 4: Literatur. Hrsg. von Marcel Reich-Ranicki in Zusammenarbeit mit Ulrich Weinzierl. Reinbek 1984, S. 327–330.
3 Silke Ronneburg: Inszenierung & Wirklichkeit – der Nachlass von Marlene Dietrich. In: Katalog zur Ausstellung »Mythos Marlene Dietrich«. Wien 2007, S. 16–21, S. 19.
4 Siehe: Frederik D. Tunnat: Marlene Dietrich. Vollmoellers blauer Engel. Biografie. Self-Publishing 2011.
5 Felix Salten: Sternheim-Premiere. In: *Neue Freie Presse* vom 30.11.1927, S. 7.
6 Siehe: Karin Wieland: Dietrich & Riefenstahl. Die Geschichte zweier Jahrhundertfrauen. München 2011, S. 97.
7 Manfred Georg: Marlene Dietrich. Eine Eroberung der Welt in sechs Monaten. Berlin 1931, S. 8f.
8 Aus: MD-Bücher. Bestand der Marlene Dietrich Collection Berlin, ItemNo 799.00.
9 Alfred Polgar an Marlene Dietrich. Berlin, 27.1.31. Marlene Dietrich Collection Berlin: 4.3–93/16 – 2.0 Polgar, Alfred.
10 Alfred Polgar: Panzerkreuzer Potemkin. In: A.P.: Kleine Schriften, Bd. 4. A.a.O, S. 383–389, S. 389.

11 Alfred Polgar: Belehrender Film. Ebda., S. 360–362, S. 362.
12 Alfred Polgar: Film Fit. Nach: Hans Helmut Prinzler und Enno Patalas (Hrsg.): Lubitsch. München 1984. S. 96 f., S. 96.
13 Ernst Lubitsch: Erwiderung. In: Ebda., S. 97 f., S. 98. Siehe auch: Heike Klapdor: »Die schönen Tage von Aranjuez«. Alfred Polgars Abschied von Hollywood. In: Evelyne Polt-Heinzl und Sigurd Paul Scheichl (Hrsg.): Der Untertreiber schlechthin. Studien zu Alfred Polgar. Mit unbekannten Briefen Polgars. Wien 2007, S. 175–196, S. 176.
14 Siehe: Ulrich Weinzierl: Carl Seelig, Schriftsteller. Wien 1982.
15 Alfred Polgar an Carl Seelig, Paris, 7.6.1933. Zit. nach: Ulrich Weinzierl: Alfred Polgar. Eine Biographie. Fischer TB, Frankfurt am Main 1995, S. 169.
16 Alfred Polgar an Carl Seelig, Paris, 15.6.1933. Zit. nach Ebda., S. 169.
17 Alfred Polgar an Carl Seelig, Paris, 11.6.1933. Ebda., S. 169.
18 Alfred Polgar an Carl Seelig, Wien, 30.4.1934. Ebda., S. 172.
19 Siehe Heike Klapdor, a.a.O., S. 178 f.
20 Auskunft von Jörg Ginard, Schweizerische Nationalbank.
21 Alfred Polgar an Carl Seelig, 18.V.34. Vormals im Besitz von Dr. Elio Fröhlich, Zürich. Kopie in der Dokumentationsstelle für neuere österreichische Literatur, Wien, Depositum Weinzierl.
22 Carl Seelig an Marlene Dietrich, Zürich, 4. Juni 1934. Marlene Dietrich Collection Berlin: 4.3 – 93/16 – 2.0 Seelig, Carl.

23 Alfred Polgar an Carl Seelig. Wien, 1.8.34. Vormals im Besitz von Dr. Elio Fröhlich, Zürich. Kopie in der Dokumentationsstelle für neuere österreichische Literatur, Wien, Depositum Weinzierl.
24 Carl Seelig an Marlene Dietrich. Marlene Dietrich Collection Berlin: 4.3 – 93/16 – 2.0 Seelig, Carl.
25 Marlene Dietrich Collection Berlin: 4. 3 – 93/16 – 6. 0 Polgar, Alfred – 1. 3. 2.
26 Alfred Polgar an Carl Seelig, O. Dellach, 30.8.0.J. Marlene Dietrich Collection Berlin: 4.3 – 93/16 – 6.0 Polgar, Alfred – 2.0 Seelig, Carl.
27 Marlene Dietrichs Bibliothek in der Marlene Dietrich Collection Berlin, ItemNo 799.00.
28 Marlene Dietrichs Bibliothek in der Marlene Dietrich Collection Berlin, ItemNo 799.00.
29 Alfred Polgar an Marlene Dietrich. Haus Gmelin, Aigen bei Salzburg, am 29. Juli 1936. Marlene Dietrich Collection Berlin: 4.3 – 93/16 – 2.0 Polgar, Alfred.
30 Steven Bach: Marlene Dietrich. Die Legende. Das Leben. Deutsch von Christine Strüh, Ursula Wulfekamp und Adelheid Zöfel. Düsseldorf 1993, S. 306.
31 Alfred Polgar an Marlene Dietrich. Haus Gmelin, Aigen bei Salzburg, 19.8.36. Marlene Dietrich Collection Berlin: 4.3 – 93/16 – 2.0 Polgar, Alfred.
32 Zit. nach: Marlene Dietrich. Dokumente/Essays/Filme/ Teil 1. Zusammengestellt von Werner Sudendorf. München 1977, S. 165.
33 Siehe: Werner Sudendorf: Marlene Dietrich. München 2011. S. 118.
34 Siehe: Franz Hessel: Marlene Dietrich. Ein Porträt. Mit vielen zeitgenössischen Bildern und einem Nachwort von Manfred Flügge. Berlin 1992.

35 Manfred Flügge: Sternstunden. Anmerkungen zu Franz Hessels Porträt der Marlene Dietrich. In: Ebd., S. 38.
36 Siehe: Murray G. Hall: Österreichische Verlagsgeschichte 1918–1938. Band 1. Geschichte des österreichischen Verlagswesens. Wien 1985, S. 59f.
37 Freundlicher Hinweis von Prof. Dr. Murray G. Hall, Wien.
38 Maria Riva: Meine Mutter Marlene. Aus dem Amerikanischen von Julia Beise, Andrea Galler und Reiner Pfleiderer. München 1992, S. 505.
39 Friedrich Torberg an Marlene Dietrich, 14. Juli 1952. In: Marcel Atze (Hrsg.): »Schreib. Nein schreib nicht.« Marlene Dietrich – Friedrich Torberg: Briefwechsel 1946–1979. Wien 2008, S. 51.
40 Maria Riva: Meine Mutter Marlene. A.a.O., S. 510.
41 Siehe in diesem Buch. S. 57.
42 Mitglied der Familie Noelli an Rudolf Sieber, St. Gilgen, 4.5.38. Marlene Dietrich Collection Berlin: 4.3. – 93/16 – 6.0.
43 Alfred Polgar an Liesl Frank, Wien, 7.8.37. Handschriftensammlung der Monacensia München Nachlass Elisabeth FrankEF(B) 15 (1923–1948).
44 Alfred Polgar an Carl Seelig vom 19. Oktober 1937. Teile davon zitiert nach Ulrich Weinzierl: Alfred Polgar. A.a.O., S. 193.
45 Rudolf Sieber an Alfred Polgar, Paris, am 2. November 1927. Durchschlag des Briefes in der Marlene Dietrich Collection Berlin: 4.3 – 93/16 – 6.0 Sieber Rudolf – 2.0 Polgar, Alfred.
46 Alfred Polgar an Rudolf Sieber, Wien, den 4. November 1937. Marlene Dietrich Collection Berlin: 4.3 – 93/16 – 6.0 Polgar, Alfred – 2.0 Sieber, Rudolf.

47 Laut Brief von Alfred Polgar, Wien, 6.11.37. Marlene Dietrich Collection Berlin: 4.3 – 93/16 – 6.0 Polgar, Alfred – 2.0 Sieber, Rudolf.
48 Zitiert nach Ulrich Weinzierl: Alfred Polgar. A.a.O., S. 193.
49 Alfred Polgar an Carl Seelig, Wien, 20/12 37. Kopie in der Dokumentationsstelle für neuere österreichische Literatur, Depositum Weinzierl.
50 Zit. nach Ebd.
51 Alfred Polgar: Der Lastträger. In: A.P.: Kleine Schriften. Band 4. A.a.O., S. 89–93, S. 93.
52 Alfred Polgar an Liesl und Bruno Frank, Zürich, Hotel Urban, 17.3.38. Handschriftensammlung der Monacensia München Nachlass Elisabeth FrankEF(B) 15 (1923–1948).
53 Siehe den Volksgerichtsakt im Wiener Stadt- und Landesarchiv: WStLA, Volksgericht: Vg 1 Vr 66/47. Freundlicher Hinweis von Dr. Gerhard Zeillinger.
54 Siehe: Hans Jaray: Was ich kaum erträumen konnte Ein Lebensbericht. Hrsg. von Michaela Jaray. Wien 1990, S. 104f.
55 Ebd. Alfred Polgar an Liesl und Bruno Frank, Zürich, Hotel Urban, 17.3.28. A.a.O.
56 Der Verlag, seit 1935 im Besitz von Alois G. Engländer, wurde 1938 »arisiert«. Siehe: Murray G. Hall: 145 Jahre Wilhelm Frick in Wien. In: *Mitteilungen der Gesellschaft für Buchforschung in Österreich.* 2014-1, S. 57–70, S. 67f.
57 Alfred Polgar an Rudolf Sieber, Paris 12.4.38. Marlene Dietrich Collection Berlin: 4.3 – 93/16 – 6.0 Polgar, Alfred – 2.0 Sieber, Rudolf
58 Alfred Polgar an Rudolf Sieber, Paris, 14.4.38. Marlene

Dietrich Collection Berlin: 4.3 – 93/16 – 6.0 Polgar, Alfred – 2.0 Sieber, Rudolf.

59 Alfred Polgar an Rudolf Sieber, Zürich, den 9. Mai 38. Marlene Dietrich Collection Berlin: 4.3 – 93/1 – 6.0 Polgar, Alfred – 2.0 Sieber, Rudolf.

60 Rudolf Sieber an Alfred Polgar, Paris, am 13. Mai 1938. Durchschlag eines maschinegeschriebenen Briefs der Marlene Dietrich Collection Berlin: 4.3 – 93/16 – 6.0 Sieber, Rudolf – 2.0 Polgar, Alfred.

61 Alfred Polgar an Carl Seelig, Paris, 29. 5. 38. Kopie in der Dokumentationsstelle für neuere österreichische Literatur, Depositum Weinzierl.

62 Alfred Polgar an Carl Seelig, Paris, 10. 6. 38. Ebda.

63 Alfred Polgar an Carl Seelig, Cabourg, 21. 8. 38. Ebda.

64 Alfred Polgar an Liesl Frank, Cabourg (Calvados), 28. 7. 38. Handschriftensammlung der Monacensia München Nachlass Elisabeth FrankEF(B) 15 (1923–1948).

65 Siehe vor allem: Werner Fuld, Thomas F. Schneider (Hrsg.): »Sag mir, daß Du mich liebst«. Erich Maria Remarque – Marlene Dietrich. Zeugnisse einer Leidenschaft. Köln 2001.

66 Alfred Polgar an Carl Seelig, Paris, 3. 12. 38. Kopie in der Dokumentationsstelle für neuere österreichische Literatur, Depositum Weinzierl.

67 Ebd.

68 Steven Bach: Marlene Dietrich. A. a. O., S. 342.

69 Zit. nach Ebd., S. 344.

70 Alfred Polgar an Liesl Frank, Paris, 3. 1. 39. Handschriftensammlung der Monacensia München Nachlass Elisabeth FrankEF(B) 15 (1923–1948).

71 Friderike Maria Zweig: Spiegelungen des Lebens. Frankfurt am Main (Fischer TB) 1985, S. 182.

72 Alfred Polgar an Liesl Frank, [Montauban], 16.VI.40. Handschriftensammlung der Monacensia München Nachlass Elisabeth FrankEF(B) 15 (1923–1948).
73 Alfred Polgar an Liesl Frank, Lisboa, 8.9.40. Handschriftensammlung der Monacensia München Nachlass Elisabeth Frank B 15 (1923–1948). Siehe auch den Aufsatz von Kristina Kargl: Alfred Polgars Flucht aus Frankreich. In: Waldemar Fromm, Wolfram Göbel, Kristina Kargl: Jahrbuch 2014 der Freunde der Monacensia e.V. S. 50–66. Die erste Seite des Briefs ist dort faksimiliert, die Transkription des gesamten Briefs findet sich auf den Seiten 62 und 64.
74 Franz Hessel: Alter Mann. Romanfragment. Hrsg. und mit einem Nachwort versehen von Bernd Witte. Frankfurt am Main 1987.
75 Alfred Polgar an Liesl Frank, 31 dec. 40. Handschriftensammlung der Monacensia München Nachlass Elisabeth FrankEF(B) 15 (1923–1948).
76 Zit. nach Marcel Atze (Hrsg.): »Schreib. Nein schreib nicht.« A.a.O., S. 192.
77 Maria Riva: Meine Mutter Marlene. A.a.O., S. 610.
78 Ebd., S. 614.
79 www.emma.de/artikel/marlene-dietrich-die-abrechnung-einer-tochter-263168
80 Siehe in diesem Buch: S. 66.
81 Ernest Hemingway: Mama zu Ehren. In: Marlene Dietrich. Dokumente/Essays/Filme/Teil 2. Zusammengestellt von Werner Sudendorf. München 1978, S. 59f., S. 59.
82 Aus Marlene Dietrichs Bibliothek. Marlene Dietrich Collection Berlin: ItemNo 402.00, S. 5.

TEXTVARIANTEN
UND ERLÄUTERUNGEN

Wohl von einer Sekretärin erstelltes Typoskript in hellroter Originalkartonmappe mit Titel in Alfred Polgars Handschrift in Tinte: »Marlene. Bild einer berühmten Zeitgenossin«. Durchgestrichen (mit Bleistift) die Titelvariante »M. D.« sowie der Autorenname »Polgar« rechts oben.

Alle Seiten mit blauem Bleistift oben mittig durchpaginiert, zum Teil alte Seitenangaben in Schreibmaschinenschrift ersetzt.

In der »Kapitel-Folge«, Seite 2 des Originals, wurde der Kapiteltitel »Die *Schauspielerin*« von Polgar zu »Die *Filmschauspielerin*« verbessert. Offensichtliche Schreibfehler und Uneinheitlichkeiten wurden stillschweigend korrigiert, die s-, ss- und ß-Schreibung der gegenwärtig gültigen Orthographie angeglichen, ae, ue und oe in ä, ü und ö umgewandelt; Interpunktion, Zusammen- und Getrenntschreibung von einzelnen Wörtern sowie Hervorhebungen (An- und Ausführungen, Kursivierungen) wurden großteils beibehalten.

Zwei Passagen und ein einzelnes Wort, die Polgar, offenbar um den polemischen Ton gegen die neudeutschen Verhältnisse zu mildern, selbst gestrichen hat, wurden in diese Ausgabe aufgenommen.

7 *unseres* glorreichen Jahrhunderts STATT *dieses* glorreichen Jahrhunderts
- auf der Bühne *sich* tummelten STATT auf der Bühne tummelten
8 den Eindruck *weckte* STATT den Eindruck *wecke*
- als wäre *da* dem Künstlerwillen STATT als wäre dem Künstlerwillen
- der sie geformt *hatte* STATT der sie geformt *habe*
- was es verschwieg, *m*it Helligkeit STATT was es verschwieg. *M*it Helligkeit
- eines sehr fernen *Lichts* STATT eines sehr fernen *Nichts*
- »Ich kann den Blick nicht von euch wenden, ich muss euch anschaun immerdar« ist der Beginn von Ferdinand Freiligraths (1810–1876) Gedicht »Die Auswanderer«
- O lieb, so lang du lieben kannst*!* STATT so lang du lieben kannst.
So heißt und beginnt ein anderes, von Franz Liszt vertontes Gedichts Freiligraths. In Maximilians Schells Film über Marlene spricht die Dietrich gemeinsam mit ihm die Verse – ihre Stimme versagt
9 Ehrgeiz dar*ein* STATT Ehrgeiz dar*an*
- die *Aktion* auslöste STATT die *Tat* auslöste
- mit *Ton* sparenden Stimme STATT mit *Accent* sparenden Stimme
10 Bei dem Hessel-Zitat (den Typ der Frau, »deren Blick uns mit einmal trifft ...«) wurde der in Klammern gesetzte Autorenname Franz Hessel gestrichen
11 so bestimmte Vorstellungen STATT so *eng* bestimmte Vorstellungen
- dass ihn zu nennen ohne jene heraufzubeschwören kaum möglich scheint STATT dass ihn zu nennen ohne jene heraufzubeschwören, kaum möglich *er*scheint

- im Fall Dietrich ist wunderlicherweise der Vorname Bild-Träger der Person STATT im Fall Dietrich ist *es* wunderlicherweise der Vorname, Bild-Träger der Person
- Wer an Vorbestimmung *glaubt* und dass auch im sogenannten Spiel des Zufalls verborgener Sinn stecke, wird schon STATT Wer an Vorbestimmung und dass auch im sogenannten Spiel des Zufalls verborgener Sinn *steckt, glaubt,* wird schon

12 ihre*n* solch' marlenesken Anspruch STATT ihre*m* solch' marlenesken Anspruch
- am reinsten widerstrahlende*n* Gestalten STATT am reinsten widerstrahlend*e* Gestalten
- unterm Magdalenenstern geborenen STATT unter'm Magdalenenstern *G*eborenen
- ihrer Brust gehetzt *wird* STATT ihrer Brust gehetzt *wurde*
- »spanische Tänzerin«*;* oder »*d*ie fesche Lola« STATT »spanische Tänzerin« oder »*D*ie fesche Lola«
- reinen Schwestern*:* blauer Engel. *A*ber ein Engel STATT reinen Schwestern, blauer Engel, *a*ber ein Engel

13 als *Star, der* STATT als *Diwa, die*

14 spielt *die Künstlerin* Marlene Dietrich die feinsten *Figurationen* STATT spielt Marlene Dietrich die feinsten *Etuden*
- zusammengeschlossen sind. *Eben* das STATT zusammengeschlossen sind. *D*as

15 wo Henny Porten mit *ihrem* blonden Zauber STATT wo *der Star* Henny Porten mit *seinem* blonden Zauber
- Sie sah das Wunder der *Wirkung,* und das Entzücken ob diese*s* Wunder*s* übertrug STATT Sie*m* sah das Wunder der Wirkung, und das Entzücken ob diese*m* Wunder

15f. Henny P*o*rten STATT Henny Prten

16 Leidenschaft weckt*; und* zur Liebe verführt STATT Leidenschaft weckt, zur Liebe verführt

- Technik de*r* absichtslosen *Wirkung*, des Verzauberns ohne *bewusst* angewandte Magie STATT Technik de*s* absichtslosen, *unbewussten Wirkens*, des Verzauberns ohne angewandte Magie
- Zusammenhang *Fluch* dünkt, offenbart sich später im größeren als *Segen* STATT Zusammenhang *Pech* dünkt, offenbart sich später im grösseren als *Chance* [erste Korrektur: *Gnade*]
17 Es muss schön sein, auch andere so in Rührung zu bringen … *und deshalb* will sie *nun* Schauspielerin werden STATT Es muss schön sein, auch andere so*m* in Rührung zu bringen. *Nun* will sie *also* Schauspielerin werden
- Gestrichen hat Polgar selbst den Satz *Albert Heine hält sie für »grosse Klasse«, andere haben eine Menge auszusetzen*
- Eigenart ist da, gewiss, aber Betonung STATT Eigenart ist da, gewiss*:* aber Betonung
- Ergriffenheit auf Kommando, das ist *ihr* STATT Ergriffenheit auf Kommando*:* das ist
18 die liebste ihres Lebens geblieben ist STATT die liebste *und schönste* ihres Lebens geblieben ist
- »Wenn die *beste* Freundin mit der *besten* Freundin …« STATT »Wenn die *gute* Freundin mit der *guten* Freundin …«. Die Korrektur, in Bleistift, stammt wohl nicht von Polgars, sondern von Rudi Siebers Hand
- exzessiver STATT excessiver
- über *die* es sich empfiehlt STATT über *dieses* sich empfiehlt
- für gewöhnliche Menschen STATT für gewöhnliche*n* Menschen
19 der *Gentlemen* das Blut STATT der *den Herren* [erste Korrektur: *Männern*]
- Dunkel-*Gefährliche* STATT Dunkel-*Hintergründige*

- wo sie nicht als schönes Ungeheuer, das seinen mörderischen sex-appeal spielen lässt, *auf der Bildfläche erscheint*, sind die Leute STATT wo sie nicht als schönes Ungeheuer auf der Bildfläche erscheint, das seinen mörderischen sex-appeal spielen lässt, sind die Leute
- Da hat*te* sie schon das schmerzlich-süße Lächeln der »femme fatale« STATT Da hat*t* sie schon Blick und Ausdruck [erste Korrektur: *Miene, den Ausdruck*] *und* das schmerzlich-süsse Lächeln der »femme fatale«

20 Später wurde der Schleier aus Stoff ein von ihr – und ihrem Regisseur Sternberg – oft und gern gebrauchtes Stilmittel STATT Später wurde *von ihr – und ihrem Regisseur Sternberg* – der Schleier aus Stoff ein oft und gern gebrauchtes Stilmittel
- ihren Film-Gestalten das Verwirrende, Berückende geben wird. Da ist ihr Tun ein *unentrinnbares*, sich allen Urteilen und Vorurteilen entziehendes Müssen STATT ihren Film-Gestalten das verwirrend *Reizvolle* geben wird. Da ist ihr Tun ein, sich allen Urteilen und Vorurteilen entziehendes, Müssen
- Von den *Großen darstellende*r Kunst wird gerühmt, dass sie der Rolle, die sie *verkörpern*, Klang und Farbe STATT Von den *grossen Darstellern der* Kunst wird gerühmt, dass die der Rolle, die sie *spielen*, Klang und Farbe
- Da scheint dann das vorgelebte Leben *als* Rolle STATT Da scheint dann das vorgelebte Leben*:* Rolle

21 Kino-*Carrière* STATT Kino-*Karriere*
- wenn *das* schöne, volle, tragende *Sprech-Organ* fehlte? Marlene durfte wenig Hoffnung haben, dass ihre Stimme, deren verschleierter Klang STATT wenn *die* schöne, tragende *Stimme* fehlte? Marlene durfte wenige Hoffnung haben, dass ihre *Sprache*, deren verschleierter Klang

- hieß »Zwei Krawatten«. Und so ähnlich war es auch. *Ein dem Entschluss zum Übermut, zur »dollen Sache«, mühsam abgequältes Produkt* STATT hiess »Zwei Kravatten«. Und so ähnlich war es auch, *e*in dem Entschluss zum Übermut, zur »*t*ollen Sache« mühsam abgequältes Produkt

  Das Revuestück »Zwei Krawatten« von Georg Kaiser (1878–1945) mit Musik von Mischa Spoliansky wurde im September 1929 in Berlin uraufgeführt
- aber da war auf der Bühne dies*e* Schauspielerin Dietrich STATT aber da war auf der Bühne dies*es* Schauspielerin Dietrich
22 durch sie würde sein*e* künstlerische *Vision* STATT durch sie würde sein künstlerische*r Wunschtraum*
- Ihm fiel auf, dass Marlene, wenn sie auch *an* dem Unsinn der Revue getreulich-munter mithalf, doch mit einer gewissen inneren Reserve bei der zweifelhaften Sache war STATT Ihm fiel auf, dass Marlene, wenn sie auch *zu* dem Unsinn der Revue getreulich-munter mithalf, *wie das die Pflicht verlangte* [vorherige Korrekturen *ihre Pflicht / die Pflicht von ihr*]
- und sie zur Leistung *besserer* künstlerischer Arbeit befähigen mochte STATT und sie zur Leistung *höherer* künstlerischer Arbeit befähigen mochte
23 *In der Tat:* Der Besonderheit *der Erscheinung und* des Wesens dieser Frau entsp*richt* genauestens die Besonderheit ihrer Stimme STATT Der Besonderheit des Wesens dieser Frau entsp*rach* genauestens die Besonderheit ihrer Stimme
- Etwas, das Blick, Miene, Haltung, Gebärde widerspiegel*n*, spiegeln auch Ton und Tonfall wider*;* in der Stimme Marlenes wird *sozusagen* das Bild Marlenes Klang STATT Etwas, das Blick, Miene, Haltung, Gebärde widerspie-

geln, spiegel*t* auch Ton und Tonfall wider. In der Stimme Marlenes wird das Bild Marlenes Klang
- Auf dem Toilettetisch *der Dietrich* STATT Auf dem Toilettetisch *in der Garderobe Marlenes*
- In der Ufa – *der Name klingt wie der einer Figur aus der Edda, aber zu einer solchen wurde die Universal A.G. erst später* –: Polgar hat diese Passage selbst gestrichen, aber nur, um den polemischen Ton gegen die neudeutschen Verhältnisse zu mindern. Der korrekte Name der Ufa lautete Universum Film AG

24 Wunschtraums STATT Wunschtraum*es*
25 Sie hält für ihre Pflicht STATT Sie hält *es* für ihre Pflicht
- Vielleicht hat sie, selbstbewusst bei aller Bescheidenheit, das Lied mit diesem Text gewählt, um – *ohne zu wissen, dass sie's deshalb tat* – gleich anzudeuten, sie werde es schon überleben, auch wenn sie nicht gefalle STATT Vielleicht hat sie, selbstbewusst bei aller Bescheidenheit, *ohne zu wissen, dass sie's deshalb tat* – das Lied mit diesem Text gewählt, um gleich anzudeuten, sie werde es schon überleben, auch wenn sie nicht gefalle
- Parlament, Senat, *Volk* und Ministerum: Polgar strich selbst *Volk* – offenbar wieder aus Rücksichtnahme
- Die leitenden Köpfe des Unternehmens – Kopf als pars pro toto zu verstehen – votieren, *nachdem sie* die Probeaufnahmen Marlenes und der anderen Kandidatin mit Fleiß *betrachtet haben*, für *Fräulein M.* STATT Die leitenden Köpfe des Unternehmens – Kopf als pars pro toto zu verstehen – votieren, die Probeaufnahmen Marlenes und *des Fräulein M.* mit Fleiss *betrachtend*, für *dieses*. Fräulein M. war die Theater- und Filmschauspielerin Lucie Mannheim (1899–1976), die 1933 wegen ihrer jüdischen Herkunft nach England emigrieren musste

26 eine Schwebung *gemütlicher* STATT eine Schwebung *freundlicher*
- »Hart im Raume stoßen sich *da* die Sachen« STATT »Hart im Raume stossen sich die Sachen« Die ursprüngliche Variante, ohne *da*, ist das korrekte Schiller-Zitat: aus »Wallensteins Tod«, 2. Akt, 2. Szene
- *Sternberg* weiß dem Raum schon durch *den Wechsel* von Helligkeit und Dunkel eine Art dramatischer Spannung zu geben, durch vielfach unterbrochene, beunruhigend halbe Belichtung die Struktur des Filmbildes aufzulockern (vielleicht *allerdings* sind das *auch* Verdienste des Kameramannes) STATT *Er* weiss dem Raum*e* schon durch *Mengung* von Helligkeit und Dunkel eine Art dramatischer Spannung zu geben, durch vielfach unterbrochene, beunruhigend halbe Belichtung, die Struktur des Filmbildes aufzulockern. (*Aber* vielleicht sind das – *wer kann's wissen?* – Verdienste des Kameramannes)
- Für den Zauber getreuer Wirklichkeit, *gewiss* der stärkste unter allen Zaubern, die der Film zu üben vermag, hat dieser Regisseur viel übrig; aber seine wahre Liebe scheint doch der (durch Übersteigerung) in's Unwirkliche gerückten Wirklichkeit zu gehören STATT Für den Zauber getreuer Wirklichkeit – *vielleicht* der stärkste unter allen Zaubern, die der Film zu üben vermag, hat dieser Regisseur, *wie schon angedeutet*, viel übrig; aber seine wahre Liebe scheint doch der durch Übersteigerung in's Unwirkliche gerückten Wirklichkeit zu gehören
- Den Schauspielern ist Sternberg, sie sagen's selbst, ein großartiger Helfer STATT Den Schauspielern ist Sternberg, sie sagen's *ja* selbst, ein grossartiger Helfer
27 Das sagt zwar Siegfried selbst – aber ob *dieser* oder *jene*: jedenfalls stimmt es STATT Das sagt zwar Siegfried selbst,

aber ob *er* oder *sie,* jedenfalls stimmt es. In einer ersten Korrektur waren *dieser* und *jene* vertauscht
- aber es *war* damit immerhin STATT aber es *wurde* damit immerhin
- wird erst eine künftige Wissenschaft, die von den Strahlungen des *Individuums*, verhelfen STATT wird erst eine künftige Wissenschaft, die von den Strahlungen des *Menschen*, verhelfen

28 unterliegen; *in* das feine STATT unterliegen. *In* das feine

28f. Auf dem Erregenden, das von ihr ausgeht, *ruht* der Zauber der Unwillkürlichkeit. »Es liegt in der Luft« (wie *die* Revue hieß, in der die Dietrich, damals noch nicht filmbekannt, entzückte), es liegt in der Luft um sie ein Irritierendes, das, so deutlich zu spüren wie leider nur undeutlich zu erklären STATT Auf dem Erregenden, das von ihr ausgeht, *liegt* der Zauber der Unwillkürlichkeit. »Es liegt in der Luft« (wie *eine* Revue hiess, in der die Dietrich, damals noch nicht filmbekannt, entzückte) es liegt in der Luft um sie *ein je ne sais quoi (ungemein brauchbare Wendung, um geistig nichts zu riskieren)*, das, so deutlich zu spüren wie leider nur undeutlich zu erklären

In Mischa Spolianskys Revue »Es liegt in der Luft« (Text: Marcellus Schiffer), trat Marlene 1928 in Berlin auf

29 so *stark* wie angenehm erregen STATT so *beunruhigend* wie angenehm erregen

30 Die Ufa hat die Kopien des Films, der den größten Welterfolg ihrer Firma bedeutete, des Dietrich-Films »Der blaue Engel«, soweit sie dieser Kopien noch habhaft werden konnte, eingezogen und vernichtet. *In der strammen Periode, in der sie sich gezwungenermassen derzeit befindet, will sie (und sollen andere) von ihrer lockeren*

Vergangenheit nichts mehr wissen: Polgar hat den zweiten Abschnitt, wiederum aus Rücksichtnahme, gestrichen
- der Strümpfe, wo *diese* enden STATT der Strümpfe, wo *sie* enden
31 *Aber nur* gemeine Blicke konnten über dem Gemeinen der Erscheinung ihr sehr Ungemeines übersehen. Die Kunst der Dietrich hob das Geschöpf, das da auf der Filmfläche seine Reize zur Schau stellte, in eine Sphäre, wo das Anstößige *nur noch eine* Farbe im Bild *war*, *als solche* nicht der moralischen sondern *allein* der künstlerischen Wertung unterliegend STATT *Dennoch konnten* nur gemeine Blicke über dem Gemeinen der Erscheinung ihr sehr Ungemeines übersehen. Die Kunst der Dietrich hob das Geschöpf, das da auf der Filmfläche seine Reize *frech* zur Schau stellte, in eine Sphäre, wo das Anstössige *nur mehr als* eine Farbe im Bild *empfunden* war, nicht mehr der moralischen sondern *eher/eben* der künstlerischen Werbung unterliegend
32 die *eben* schwächer geraten müsste STATT die *eher* schwächer geraten müsste
32ff. »Wenn sie sich im Blauen Engel ... eine Frau mit viel geretteter Kindheit üben.«
Dieses Zitat entnahm Polgar Franz Hessels Marlene-Dietrich-Porträt, in der Neuausgabe des Verlags Das Arsenal, 1992, auf Seite 14. Der zweite Teil des Zitats ist dem Schluss (S. 21f.) entnommen
34 wenn sie treuherzig zu *dem* würdigen Herrn STATT wenn sie treuherzig zu *diesem* Herrn
35 Das Gleiche wiederholte sich kurioserweise Monate nachher in *New York*, bei der *dortigen* Erstaufführung des *»Blauen Engel«*, der ihren *durch den Film »Marokko«*

erworbenen amerikanischen Ruhm glanzvoll bestätigte: *a*uch an jenem Abend STATT Das Gleiche wiederholte sich kurioserweise Monate nachher in *Hollywood*, bei der Erstaufführung des *»Marokko«-Films*, der ihren *jungen* Ruhm glanzvoll bestätigte. *A*uch an jenem Abend
- »Marokko« (»Herzen in Flammen«, »Morocco«), in der Regie Josef von Sternbergs (mit Gary Cooper und Marlene Dietrich als Amy Joly) wurde vor »Der Blaue Engel« in Amerika aufgeführt: am 14. November 1930 in New York. Die amerikanische Premiere der englischen Fassung von »Der Blaue Engel« fand erst am 5. Dezember 1930 statt

36 *Eindringlichkeit* STATT *Prägnanz*
- als die *gründlichste* literarische oder selbst dichterische Studie über dieses *deren Lesern* STATT als die *feinste* literarische oder selbst dichterische Studie *ihrem Leser*
- Den Wunsch, *diesem Antlitz* dennoch mit dem Wort beizukommen, weckt (und rechtfertigt) das zur Deutung Lockende in *ihm* STATT Den Wunsch, *ihm* dennoch mit dem Wort beizukommen, weckt (und rechtfertigt) das zur Deutung Lockende in *Marlenes Antlitz*
- Tiefgründige *solchen* Gesichts STATT Tiefgründige *seines* Gesichts

37 Ein englischer Poet, freilich ein gewaltiger Paradoxist, hat behauptet, das Klima eines Landes werde durch dessen Dichter und Maler verändert, und dass also zum Beispiel die Luft Londons sich allmählich der Luft, wie Whistler sie malte, *angepasst* habe STATT und dass also zum Beispiel *sich* die Luft Londons sich allmählich der Luft, wie Whistler sie malte, *assimiliert* habe
Der »gewaltige Paradoxist« war Oscar Wilde (1854– 1900), den mit dem streitbaren amerikanischen Maler

James McNeill Whistler (1834–1903) eine oft wechselseitig polemische Beziehung verband

- dass das an Whistlers Bildern erzogene Auge nun Tönungen der Londoner Atmosphäre wahrzunehmen *vermochte*, die es früher nicht zu bemerken im Stande war. *So entdecken* wir *jetzt* in manchem Frauen*antlitz* Züge, die uns, ehe wir das der Dietrich kannten, nicht aufgefallen wären. Es gibt *heute* – von den bewusst gewollten Kopien abgesehen – viele *Gesichter* à la Marlene, viele Mienenspielplätze nach *ihrem* Muster und *in ihrer Art;* der erwähnte englische Poet würde sagen; die große Filmerin hätte der weiblichen Physiognomie neue Züge beigebracht STATT dass das an Whistlers Bildern erzogene Auge nun Tönungen der Londoner Atmosphäre wahrzunehmen *vermag*, die es früher nicht zu bemerken im Stande war. Es gibt – von den bewusst gewollten Kopien abgesehen – viele *Frauen*-Gesichter à la Marlene *Dietrich*, viele Mienenspielplätze nach *dem* Muster und *der Manier der Dietrich,* der erwähnte englische Poet würde sagen: die grosse Filmerin hätte der weiblichen Physiognomie neue Züge beigebracht. *Richtig ist, dass* wir *heute* in manchem Frauen*gesicht* Züge entdecken, die uns, ehe wir das der Dietrich kannten, nicht aufgefallen wären

38 ganz und gar zu *diesem Gefühl* bekennt, wenn, was sonst drin spielt STATT ganz und gar zu *ihm* bekennt, was sonst *drin / in ihm* spielt

- die nun *das* Antlitz beherrscht wie die Seele, deren Spiegel *es* ist STATT die nun *dies* Antlitz beherrscht wie die Seele, deren Spiegel *jenes* ist
- wie *es* das vom Durchschnittsgeschmack als »schön« bewertete STATT wie *sie* das vom Durchschnittsgeschmack als »schön« bewertete

- dass ihr Blick *immer* aus der Tiefe zu kommen scheint. Von Ekstase bis zur vollkommenen *Gleichgültigkeit* ist dieses Gesicht jeder *Expression*, vom Hochmut bis zur Demut jedes Charakters, von Teufelei bis zur engelhaften Güte jedes *Reflexes* seelischen Zustands fähig STATT dass ihr Blick, *auch wenn er leer ist,* aus der Tiefe zu kommen scheint. Von Ekstase bis zur vollkommenen *Wurschtigkeit* ist dieses Gesicht *jedes Ausdrucks*, vom Hochmut bis zur Demut jedes Charakters, von Teufelei bis zur engelhaften Güte *jeder/s Widerspiegelung/Widerscheins* seelischen Zustands fähig
39 wie das Wasserzeichen durch das Papier STATT wie das Wasserzeichen durchs Papier
- Der Kapiteltitel *Die Musikalität* wurde von Polgar selbst – wie er auch in der Kapitel-Folge am Anfang lautet –, in *Die Stimme* geändert
- Das Zitat »Musik hat in ihm selbst« stammt aus Shakespeares »Der Kaufmann von Venedig«, 5. Aufzug, 1. Szene
40 ein Mezzosopran, (eine *Frauen*-Stimme STATT ein Mezzosopran, (eine Stimme
41 und sie macht davon *zuweilen* künstlerischen Gebrauch STATT und sie macht davon künstlerischen Gebrauch
42 im zweiten »Blaubuch«: Gemeint ist »Strindbergs Werke«, Abt. 7, Bd. 2. Ein Blaubuch: Die Synthese meines Lebens; Bd. 2 (mit dem Buch der Liebe)
- auch von der Wissenschaft anerkannte Chiromantin: Gemeint ist das zweibändige Werk von Marianne Raschig »Hand und Persönlichkeit. Einführung in das System der Handlehre«. Erschienen 1931 im Gebrüder Enoch Verlag, Berlin
43 Das Haar ist *goldblond mit rötlichem Schimmer,* war immer so STATT Das Haar ist *aschblond,* war immer so

- Das natürliche Kolorit der Erscheinung Dietrich: Augen, Haar und Teint, ist so, dass es nur eines Mindestmaßes zusätzlicher Malerei bedarf, um vor dem Kamera-*Objektiv* glänzend zu bestehen STATT Das natürliche Kolorit *sozusagen* der Erscheinung *der* Dietrich, Augen, Haar und Teint ist so, dass es nur eines Mindestmasses zusätzlicher Malerei bedarf, um vor der Kamera-*Linse* glänzend zu bestehen
- den einem Körper, *welchem* er angeboren ist STATT den einem Körper, *dem* er angeboren ist

44 Nach dem Gesetz des *richtigen Verhältnisses* zwischen Körpergröße und -Gewicht dürften also um sieben Deka Marlene mehr das sein, als faktisch da *sind* STATT Nach dem Gesetz der *guten Relation* zwischen Körpergrösse und -Gewicht dürften also um sieben Deka Marlene mehr da sein, als faktisch da *sin*

- Schon ihr nächster Film, »*Marokko*«, der unter Sternbergs Regie STATT Schon ihr nächster Film, der unter Sternbergs Regie
- »Dishonored«: In Josef von Sternbergs »Dishonored« spielte Marlene Dietrich die österreichische Geheimagentin X 27, die aus Liebe den russischen Agenten Kranau (Victor McLaglen) entkommen lässt und hingerichtet wird. Uraufgeführt am 5. 3. 1931

45 »Mütterlicher Vamp« STATT *Ein* »*m*ütterlicher Vamp«

- »Katharina«-Film: Im Frühjahr 1934 drehte Josef von Sternberg »The Scarlet Empress« (»Die scharlachrote Kaiserin«) über Katharina die Große mit Marlene Dietrich in der Titelpartie, ihre Tochter Maria Sieber verkörperte die spätere Kaiserin in ihren Mädchenjahren als Prinzessin Sophia Frederica. Uraufführung: 19. 5. 1934 in London

- »Marokko« wiederhol*te* STATT »Marokko« wiederholt
46 Sie *stellt* in diesem Film ein armes Menschenkind *dar* STATT Sie is*t* in diesem Film ein armes Menschenkind
- Sie hat *hier* – anders als die Lola STATT Sie hat – anders als die Lola
- *Eine Leistung ersten Ranges*, wie die Dietrich das *spielt* STATT *Es ist wunderschön*, wie die Dietrich das *herausbringt*
- Brettelgesang STATT Bettelgesang
47 Es sollen hier nich*t* die Inhalte STATT Es sollen hier *nich* die Inhalte
- mitsamt seinem Namen der Amy Joly *bietet* STATT mitsamt seinem Namen der Amy Joly *bereiten will*
48 dass die Tänzerin in großer Toilette, die sie eben trägt, *mit dem Regiment die Wüsten-Wanderung antritt* STATT dass die Tänzerin in *der* grossen Toilette, die sie eben trägt, dem Regiment *in die Wüste nachläuft*
- Sie über*deckt* durch die Intensität STATT Sie über*spielt* durch die Intensität
- Ihre *Darstellung* dichtet STATT Ihr *Spiel* dichtet
- Marlene, ganz in die innere und äußere Situation der Figur eingefangen, lief durch *den* Wüstensand STATT Marlene, ganz in die innere und äussere Situation der Figur, *die sie darstellte*, eingefangen, lief durch Wüstensand
- In diesem »Marokko«-Film zeigt die Schauspielerin Marlene Dietrich Meisterschaft im Ausdruck zartester *Gefühlsschwebungen und -Schwankungen* STATT In diesem Marokkofilm zeigte die Schauspielerin Marlene Dietrich *eine rechte / ihre* Meisterschaft im Ausdruck *zartester Gefühlsschwankungen*
49 wie *die Dietrich* das langsame Einschleichen STATT wie *Marlene* das langsame Einschleichen

- Es gelingt da der Schauspielerin eine Wirkung ähnlich jener der sogenannten »Katharsis« im Drama: *die reinigende Wirkung, die* der notwendige, schicksalhaft richtige Ablauf eines Geschehens *übt*, auch wenn er ins Tragische mündet STATT Es gelingt da der Schauspielerin *Dietrich* eine Wirkung ähnlich jener der sogenannten »Katharsis« im Drama: *das Reinigende, das* der notwendige, schicksalhaft richtige Ablauf eines Geschehens *in sich hat*, auch wenn er ins Tragische mündet
50 Der Reichtum an natürlichen und Kunstmitteln, über die zum Ausdruck differenzierten seelischen Vorganges *Frau Dietrich* verfügt STATT Der Reichtum an natürlichen und Kunstmitteln, über die, zum Ausdruck *difficilen* seelischen Vorganges, *Marlene* verfügt
- das wachsende Erschrecken vor dem Schicksal: *Liebe* STATT das wachsende Erschrecken vor dem Schicksal: *Lieben*
- Ohne jeden Aufwand an *Theater* und Pathos STATT Ohne jeden Aufwand an *Theatern* und Pathos
- verwandelt sich da ein Mensch. *Und* die Verwandlung hat durchaus das Notwendige, Natürliche eines organischen Vorgangs. Auch ein*es* gottgefälligen STATT verwandelt sich da ein Mensch... *u*nd die Verwandlung hat durchaus das Notwendige, Natürliche eines organischen Vorgangs. Auch ein*en* gottgefälligen
50f. von der Darstellerin Verkleidung, Täuschung, komödiantisches Maskenspiel verlangt*e* STATT von der Darstellerin *der Rolle* Verkleidung, Täuschung, komödiantischen Maskenspiel verlangt
51 Also bringt sie schon eine *tüchtige* Dosis STATT Also bringt sie schon eine *gute* Dosis
- Mit dem Gleichmut und der *Unerbittlichkeit* einer see-

lenlosen Maschine STATT Mit dem Gleichmut und der *Präzision* einer seelenlosen Maschine
- Aber mit einem Mal streikt die Maschine STATT Aber mit einem Mal – *und hier hat die Dietrich ihre grossen schauspielerischen Augenblicke* – streikt die Maschine
- nicht zu hoch, *d*ie Ruhe STATT nicht zu hoch. *D*ie Ruhe
- Ich weiß nicht, ob das *genau* so im Drehbuch STATT Ich weiss nicht, ob das so im Drehbuch

52 Im Film »Shanghai-Express« (auch mit Sternberg als Regisseur) überraschte *sie* durch starke dramatisch*e* Akzente ihres Spiels*, dessen* Leidenschaft Natur-, nicht Theaterfarbe *hatte* STATT Im Film »Shanghai-Express« (auch mit Sternberg als Regisseur), überrascht *Marlene* durch *die* starke*n* dramatische*n* Akzente ihres Spiels. *Ihre* Leidenschaft *hat* Natur-, nicht Theaterfarbe
 In Josef von Sternbergs »Shanghai-Express« spielte Marlene Dietrich die Shanghai Lily. Uraufführung: 12. Februar 1932 in New York
- Jacques Feyders (1885–1948) »Knight Without Armour« (»Ritter ohne Waffen«, »Tatjana«) wurde 1936 für Alexander Korda in England gedreht. Marlene Dietrich spielte Alexandra/Tatjana. Uraufführung: 2. September 1937 in Paris. Der Film war ein Misserfolg.
- ihre Fähigkeit der leicht*en* spöttischen Konversation STATT ihre Fähigkeit der leicht spöttischen Konversation
- Da entwickelt sie in der Rolle einer Hochstaplerin Humor von solcher Feinheit und Liebenswürdigkeit, dass sie das Amoralische der Figur gleichsam *wegspielt*, den ganzen Fall in eine Sphäre rückt, wo das Verbrechen *als* »*Streich*« erscheint, den zu verzeihen nicht schwer *fällt* STATT Da entwickelte sie in der Rolle einer Hochstaplerin *einen* Humor von solcher Feinheit und Liebenswürdig-

keit, dass sie das Amoralische der Figur gleichsam *überspielte*, den ganzen Fall in eine *Spielerei ver*rückte, wo das Verbrechen *ein verwegener* Streich *ist*, den zu verzeihen nicht schwer *fiel*
- »Desire« (»Sehnsucht«) wurde 1936 von Ernst Lubitsch (1892–1947) in den USA gedreht. Marlene Dietrich spielte – an der Seite von Gary Cooper – Madeleine de Beaupré – wie eine Kritikerin schrieb: die »eleganteste und amüsanteste internationale Juwelendiebin, die es je gegeben hat«.
- Der »Garten Allahs«, ein Farbfilm, *verriet*, wie viel diese, schon ganz nahe, Zukunftsform des bewegten Bildes von Erscheinung und Begabung der Dietrich erhoffen darf STATT Der »Garten *Allhas*«, ein Farbfilm, *zeigte*, wie viel diese schon ganz nahe Zukunftsform des bewegten Bildes von Erscheinung und Begabung der Dietrich erhoffen darf

»The Garden of Allah« (USA 1936) war, schreibt Werner Sudendorf in seinem Marlene-Dietrich-Porträt, »O'Selznicks (und Marlenes) erster Technicolor-Film, und selbst heute noch kann man den Eindruck der satten und ausgewogenen Farben nachvollziehen, die ihn seinerzeit zu einer Sensation machten«.
- Ihr letzter in Europa vorgeführter Film war »Angel«, inszeniert von Lubitsch, eine *Gesellschaftskomödie*. *Innerste* Bewegtheit und erzwungene äußere Ruhe – *die* die große Dame, als welche Marlene hier erscheint, bewahren muss – so ineinander zu schließen, dass die Bewegtheit aufs stärkste spürbar und doch die Ruhe völlig glaubhaft bleibt, ist ein schauspielerisches Problem, dessen Lösung auf dem kalten Weg der Mache *nie hätte so* gelingen können, wie sie *dem kultivierten Spiel* der Diet-

rich gelungen ist STATT Ihr letzter in Europa vorgeführter Film war »Angel«, inszeniert von Lubitsch, ein *Gesellschaftsstück, in dem die Erscheinung der Dietrich und das Kultivierte ihres Spiels blendend zur Geltung kamen. Aeusserste Bewegtheit und erzwungene äussere Ruhe – den die grosse Dame, als welche Marlene hier erscheint bewahren muss – so ineinander zu schliessen, dass die Bewegtheit aufs stärkste spürbar und doch die Ruhe völlig glaubhaft bleiben muss ist ein schauspielerisches Problem, dessen Lösung auf dem kalten Weg der Mache nie so hätte gelingen können, wie sie der Dietrich gelungen ist*

»Angel« in der Regie von Ernst Lubitsch (uraufgeführt am 3. November 1937 in New York), auch von der amerikanischen Zensur zusammengeschnitten, wurde kein Kassenerfolg. Paramount trennte sich von Marlene Dietrich. Dass man den Film als »äußerst kultivierte europäische Sittenkomödie« anpries, war ein Todesurteil beim amerikanischen Publikum.

53 einer Gebärde, einem *Ton* verleiten lässt, die mit eigenster Empfindung zu *füllen* STATT einer Gebärde, einem *Tun* verleiten lässt, die mit eigenster Empfindung zu *fühlen*

– Der Kapiteltitel *Blick ins Privatleben* wurde von Polgar zu *Blick ins Private* verändert, wie er auch in der Kapitel-Folge am Anfang lautet

– Im Original beginnt das Kapitel so: Marlene Dietrich ist eine gute Hausfrau. Sie kocht selbst; und gern. Herr Sieber sagt von ihren Omelettes *à surprise*: es ginge ihm nichts darüber. Und er ist nicht der Mann, bewusst etwas zur Bildung falscher Legenden um seine Frau beizutragen STATT Marlene Dietrich ist eine gute Hausfrau. Sie kocht

selbst, und gern. Herr Sieber sagt von ihren Omelettes *und Zuspeisen*, es ginge ihm nichts darüber. Und er ist nicht der Mann, bewusst etwas zur Bildung falscher Legenden um seine Frau beizutragen.
Die ganze Passage wurde mit Bleistift, also wohl von Rudi Sieber gestrichen

- so weit geht *ihr* Wunsch nach Originalität STATT so weit geht *der* Wunsch nach Originalität
- 54 dass das Unbehagen ob solcher Belästigung durch das Behagen STATT dass das Unbehagen ob solcher Belästigung durch das Behagen *daran*
- Ich kenne einen großen, im *deutschen* Reich STATT Ich kenne einen grossen, im *Dritten* Reich … Die ursprüngliche Version wurde beibehalten.
- 55 »Genannt in Lob und Tadel bin ich heute … und dass ich da bin, wissen alle Leute.« Polgar zitiert Hugo Wolfs Lied »Wohl denk ich oft an mein vergangnes Leben« (1897) nach Michelangelos »Rime«, no. 54
- Im Sommer 1937 bewohnte Marlene mit Mann und *Freundin:* Mit Bleistift, also wohl von Rudi Sieber, gestrichen
- 56 an den vom Ofen*ruß* geschwärzten Wänden STATT an den vom Ofen*dach* geschwärzten Wänden
- über die künstlerische und menschliche Besonderheit der Frau Dietrich STATT über die künstlerische *Persönlichkeit* und *die* menschliche Besonderheit der Frau Dietrich
- 57 *in* der Skala der Empfindungen STATT *auf* der Skala der Empfindungen
- Störung *dieses* unwahrscheinlichen Zustands verursachte die *Behelligung durch* ein sogenanntes Interview STATT Störung des unwahrscheinlichen Zustands verursachte die *Zumutung* eines sogenannte*n* Interview*s*

- In der guten Stube zu St. Gilgen begann die *Befragung* STATT In der guten Stube zu St. Gilgen begann *also* die Ausfragerei
- die Miene einer beschäftigten Dulderin STATT die Miene einer *angenehm* beschäftigten Dulderin

58 Während der *seltenen* Pausen, die es *einschaltete* STATT Während der Pausen, die es machte
- Die Metropolen fragten *an* STATT Die Metropolen fragten *zu*
- so von überallher bewegt, voll qualifizierter Unruhe, umrauscht von Antrag, *Bitte, Forderung* STATT so von überallher bewegt, voll qualifizierter Unruhe und *Forderung*, umrauscht von Antrag
- das Persönliche des Gegenüber STATT das Persönliche des Gegenübers
- eingeht und ernsthaft antwortet STATT eingeht. *Und* ernsthaft antwortet

59 Sie ist keine kämpferische Natur, *in* ihrem Ich-Gefühl STATT Sie ist keine kämpferische Natur. *Aber* in ihrem Ich-Gefühl
- der Traurigkeit, der ein *unmittelbarer* Anlass fehlt STATT der Traurigkeit, der ein *akuter* Anlass fehlt

59f. gar nicht wie Hochmut wirkende *Tendenz* zu *jener Haltung, die alle* Vertraulichkeit entfernt STATT gar nicht wie Hochmut wirkende *Fähigkeit* zur *Distanz*, die *die* Vertraulichkeit entfernt

60 Und steigert sich zur *rechten Herzensnot*, wenn sie nicht helfen kann. *Es ist zu begreifen, dass Marlene amerikanische Staatsangehörige werden will* STATT Und steigert sich zur *Verzweiflung*, wenn sie nicht helfen kann. Den Passus über die amerikanische Staatsangehörigkeit hat Polgar selbst gestrichen

- Auf törichte Fragen wie: Möchten Sie *sehr* alt werden? STATT Auf *die folgenden* törichte*n* Fragen: *Wie wünschen Sie sich Ihr Alter?* Möchten Sie alt werden?
- Ihrem Schweigen *ist* deutlich zu entnehmen, dass sie keine Antwort *gibt* STATT Ihrem Schweigen *war* deutlich zu entnehmen, dass sie keine Antwort

61 Und so verlief mein Wiedersehen mit Heidede STATT Und so verlief mein Wiedersehen mit *der kleinen* Heidede
- Darauf erwidert Marlene STATT Darauf erwidert*e* Marlene

62 Marlene Dietrich bedauert STATT Marlene Dietrich bedauert*e*
- nicht *in* druckreifen Formulierungen STATT nicht *mit* druckreifen Formulierungen
- Der Film ist ein *totalitärer* Teufel STATT Der Film, *sagt sie*, ist ein Teufel
- von der der Bühnenschauspieler sich kaum *einen Begriff* machen kann STATT von der der Bühnenschauspieler sich kaum *eine Vorstellung* machen kann

63 Auch im Schlaf lockert sich der Bann nicht, in dem den Spieler *die* Film-Arbeit hält; aus *deren* Bezirk STATT Auch im Schlaf lockert sich der Bann nicht, in dem den Spieler Film-Arbeit hält; aus *ihren Bezirken*
- Was der Film-Schauspieler in den paar Wochen seines Mitwirkens am Werk an *geistigen* und körperlichen *Kräften* verbraucht STATT Was der Film-Schauspieler in den paar Wochen seines Mitwirkens am Werk an *psychischen* und körperlichen *Werten*
- *Wie* entsetzlich an- und abspannend ist allein schon STATT *Wir* entsetzlich an- und abspannend *für ihn* ist allein schon

- der großen Linie, die *der Film-Darsteller*, wie *der* Bühnen-*Darsteller* doch einzuhalten bestrebt sein muss, die fortwährende Unterbrechung des schauspielerischen Elans, dieser impetus interruptus, der den *Künstler* zermürbt STATT der grossen Linie, die *seine Darstellung*, wie *die des Bühnenkünstlers*, doch einzuhalten bestrebt sein muss, die fortwährende Unterbrechung des schauspielerischen Elans, dieser impetus interruptus, der den *Spieler* zermürbt
- Oder *Satan* STATT Oder *Teufel*
63f. Und das Atelier ein höllisches Feuer, in dem brennen muss, wer in die *zeitliche* Seligkeit des Ruhms eingehen und für ein paar Jahre wandeln will *über gemeinen* Sterblichen, in einer Höhenlage etwa gleich der des Paramount Everest STATT Und das Atelier ein höllisches Feuer, in dem brennen muss, wer in die *temporäre* Seligkeit des Ruhms eingehen und für ein paar Jahre wandeln will *über den* Sterblichen, in einer Höhenlage *wie etwa* der des Paramount Everest
64 Nach: Paramount Everest: *Aber das sagt nur der Interviewer, nicht Marlene Dietrich.* Von Polgar selbst gestrichen
- Marlene liebt den Film und seine würgende *Forderung* STATT Marlene liebt den Film und seine*n* würgende*n An-spruch*
- Damen der Gesellschaft, die sich auf ihre Anständigkeit *etwas zu Gute tu*n STATT Damen der Gesellschaft, die *mit ihrer Anständigkeit krebsen gehen*
- »Die spanische Tänzerin« in dem Film, *dessen deutsche Fassung* so auch hieß STATT »Die spanische Tänzerin« in dem Film, *der so auch hiess. (Originaltitel)*
Der Originaltitel des letzten Films, den Josef von Stern-

berg (1894–1969) gemeinsam mit Marlene Dietrich drehte, lautet »The Devil is a Woman«. Uraufführung: 3. Mai 1935 in New York.

65 einen bunten Reichtum an *Kleinen*, in denen Wesenszüge der Figur sich spiegeln konnten *Kleinen* ist wohl ein Tippfehler, es müsste sinngemäß *Kleidern* heißen

— Von Josef Sternberg STATT Von Josef *von* Sternberg

66 sie wieder fließen zu machen STATT sie wieder fliessen*d* zu machen

67 *Mr. Zukors* Adolph Zukor (1873–1976) war ein amerikanischer Film-Mogul, die meiste Zeit der Paramount verbunden

— Manches aus Gründen der Reklame, wie sie in Amerika üblich ist und *rücksichtslos* praktiziert wird, ob *nun* der, dem sie gilt STATT Manches aus Gründen der Reklame, wie sie in Amerika üblich ist und praktiziert wird, ob der, dem sie gilt

— hinter ihn – *wäre zu ergänzen* – den Tratsch STATT hinter ihn den Tratsch

— Sie schläft. *V*iel und gern. *U*nter den Kopfkissen STATT Sie schläft, *v*iel und gern, *u*nter den Kopfkissen

— Nach: auf allen ihren Resien mit: Es gibt ein liebes Bild von ihr, wo man sie *beim* Frühstück sitzen sieht. Wenn sie nur ein bisschen von *all'* dem kostet, was vor ihr auf dem Tisch steht, ist sie mit Kalorien für einen Tag reichlich eingedeckt STATT Es gibt ein liebes Bild von ihr, wo man sie *am* Frühstücks*tisch* sitzen sieht. Wenn sie nur ein bischen von *all* dem kostet, was vor ihr auf dem Tisch steht, ist sie mit Kalorien für einen Tag reichlich eingedeckt.

Polgar selbst hat diese Passage gestrichen

67f. Kein Direktor, kein Regisseur, kein Kameramann *darf*

STATT Kein Direktor, kein Regisseur, kein Kameramann *kann*
68 zu prüfen pflegt. *Begreiflich* STATT zu prüfen pflegt. *Recht hat sie.*
69 »Star pour tous, femme pour certain, muse pour moi« STATT »Star pour tous, femme pour certain*s*, muse pour moi.« Der Plural »pour certains« (»für Gewisse«) musste wohl aus Schicklichkeitsgründen dem Singular weichen. Offiziell gab es nur einen: ihren Ehemann Rudi Sieber.
— Man redet viel über Marlene. *Kein Nachteil* für eine Filmschauspielerin, wenn mehr über sie gesprochen STATT Man redet viel über Marlene. *Jedenfalls ist es* für eine Filmschauspielerin *gut*, wenn mehr über sie gesprochen
70 Auch der größte Besitz an Geltung schmilzt bald hin, wenn nicht neu hinzu erworbene Geltung *ihn* konsolidiert. In der Kunst besonders bedeutet Stillstand Rückgang STATT Auch der grösste Besitz an Geltung schmilzt bald dahin, wenn nicht neu hinzu erworbene Geltung *inkonsolidiert*. In der Kunst bedeutet *Stagnation* Rückgang (*inkonsolidiert* ist ein Indiz dafür, dass der Text einer Sekretärin diktiert wurde)
— soviel Entwicklungslinien ihres Talents traten vorerst nur andeutungsweise in ihren bisherigen *Arbeiten* zutage, so vielerlei Facetten ihres Spiels *leuchteten* da, noch nicht recht herausgeschliffen, flüchtig auf STATT soviel Entwicklungslinien ihres Talents traten vorerst nur andeutungsweise in ihren bisherigen *Filmen* zutage, so vielerlei Facetten ihres Spiels *leuchten* da, noch nicht recht herausgeschliffen, *nur* flüchtig auf
— kommt auch ein Genie der filmischen Gestaltung nicht *hinweg* STATT kommt auch ein Genie der filmischen Gestaltung nicht *hinaus*

71 Viele danken ihm viele Stunden des Vergessens einer trostlosen, bedrückenden Wirklichkeit. *Das dient zur Rechtfertigung dieses Buches.* Der letzte Satz wurde von Polgar selbst gestrichen

EDITORISCHE NOTIZ UND DANK

Die Monographie »Marlene. Bild einer berühmten Zeitgenossin« wurde von mir 1984 in der New Yorker Wohnung von Alfred Polgars verstorbenem Stiefsohn Erik G. Ell gemeinsam mit dessen Witwe Selma (Sally) Ell gefunden. Warum erfolgt die Erstveröffentlichung so spät?

In diesen Jahren (1982 bis 1986) wurde von Marcel Reich-Ranicki und mir die sechsbändige Polgar-Werkausgabe »Kleine Schriften« ediert. Das Marlene-Porträt darin aufzunehmen schien uns beiden unangebracht. Nicht nur wegen des für Polgars Texte völlig ungewöhnlichen Umfangs. Man kann einen noch nie publizierten, mit zahlreichen Korrekturen des Verfassers versehenen Text nicht einfach unkommentiert abdrucken. Auch waren die genaueren Umstände der Entstehung damals noch sehr unklar.

Die wichtigsten Quellen dazu (und auch die wesentliche Sekundärliteratur zu Marlene Dietrich) wurden viel später zugänglich.

Nach Marlene Dietrichs Tod 1992 erschienen die grundlegenden biographischen Werke: von Steven Bach (»Marlene Dietrich. Die Legende. Das Leben«) und Maria Riva (»Meine Mutter Marlene«). Nicht zu vergessen: der Ausstellungskatalog »Mythos Marlene Dietrich« (2007) und das Dietrich-Porträt von Werner Sudendorf (2011). Aufschlussreich war zudem Karin Wielands Band »Dietrich & Riefenstahl. Die Geschichte zweier Jahrhundertfrauen« (2011). Erst ab 1998 waren in der Marlene Dietrich Collection der Deutschen Kinemathek die Polgar und sein Porträtprojekt betreffenden Materialien einzusehen. 2013 erwarb die Monacensia den Nachlass von Liesl Frank-Mittler, der Tochter Fritzi Massarys und Frau Bruno Franks, der einige der wichtigsten Dokumente aus Polgars Exilzeit enthält. Frau Dr. Kristina Kargl (München) hat mich freundlicherweise auf diesen neuen Bestand aufmerksam gemacht.

Diese unsere Edition ist relativ aufwendig – aber sie versucht bloß, den Mindestansprüchen philologischer Korrektheit zu entsprechen. Dem Zsolnay Verlag und seinem Leiter Herbert Ohrlinger gebührt mein Dank, sich darauf mit großem Enthusiasmus eingelassen zu haben.

Zu danken habe ich ferner vor allem der Marlene Dietrich Collection, insbesondere Frau Silke Ronneburg und Herrn Werner Sudendorf, für ihre äußerst liebenswürdige Unterstützung. Wichtige Hinweise kamen von Dr. Gerhard Zeillinger (Amstetten) und Prof. Dr. Murray G. Hall (Wien). Sehr dankbar bin ich Frau Dr. Klaralinda Ma-Kircher (Wiener Stadt- und Landesarchiv), Herrn Augustin Kloiber (Heimatkundliches Museum St. Gilgen) und nicht zuletzt Frau Ursula Kals-Friese (Altaussee), der langjährigen Sekretärin Friedrich Torbergs.

In Bezug auf das Öffnen von Strichen durch Polgars Hand galt das Prinzip: Sie waren nur rückgängig zu machen, wenn sie – wie bei Anspielungen auf die Verhältnisse im Dritten Reich – sichtlich aus publikationstaktischen Motiven gemacht worden waren. Im Anhang »Textvarianten und Erläuterungen« sind sie jeweils nachgewiesen.

Ulrich Weinzierl

ABBILDUNGSNACHWEIS

5 Marlene Dietrich, zeitgenössische Zeichnung von Franz Kermutsch nach einem Foto aus dem Film »Marokko«

76 Marlene Dietrich in Broadway © Imagno/Österreichisches Theatermuseum

77 Besetzungsliste Broadway © Deutsche Kinemathek – Marlene Dietrich Collection Berlin

79 Marlene Dietrich, Der blaue Engel © Deutsches Filminstitut-DIF, Frankfurt; mit freundlicher Genehmigung von: Marlene Dietrich Collection GmbH, München / Frieder Roth / copyroth.de

85 Scheck, Dietrich an Polgar © Deutsche Kinemathek – Marlene Dietrich Collection Berlin

89 Douglas Fairbanks jr. und Marlene Dietrich in St. Gilgen, 1937 © Deutsche Kinemathek – Marlene Dietrich Collection Berlin

91f. Faksimile eines Briefs von Polgar an Dietrich © Deutsche Kinemathek – Marlene Dietrich Collection Berlin

97 Marlene Dietrich besucht Willi Forst am Set und lernt Hans Jaray kennen © Deutsche Kinemathek – Marlene Dietrich Collection Berlin

98 Ferienhaus Marlene Dietrichs in St. Gilgen © Heimatkundliches Museum St. Gilgen

107 Marlene Dietrich, ihre Tochter Maria und Tamara Matul © Imagno/Austrian Archives

109 Marlene Dietrich mit Erich Maria Remarque und Josef von Sternberg © Deutsches Filminstitut-DIF, Frankfurt

NAMENREGISTER

Abbott, Philip 75

Bach, Steven 111
Balser, Ewald 97
Balzac, Honoré de 86
Banton, Travis 68
Bär, Walter J. 83
Benjamin, Walter 96
Börne, Ludwig 64
Brueghel, Pieter d. Ä. 56

Caesar, Caius Julius 8
Chaplin, Charlie 81
Cooper, Gary 137, 144
Courths-Mahler, Hedwig 15
Crawford, Joan 95

Darvas, Lili 104
Davis, Bette 95
Dieterle, Wilhelm (William) 82
Döblin, Alfred 116
Dollfuß, Engelbert 84
Dostojewski, Fjodor Michailowitsch 80
Dunning, George 75

Ell, Erik G. 116
Ell, Selma (Sally) 116

Fairbanks, Douglas jr. 89, 90
Feyder, Jacques 143
Flaubert, Gustave 85
Forst, Willi 77, 97
Frank, Bruno 86, 112
Frank, Leonhard 115
Frank, Liesl 86, 99, 108, 111f., 116
Freiligrath, Ferdinand 8, 128
Freud, Sigmund 76
Frick, Wilhelm 96
Friese, Egon Peter 103

Garbo, Greta 95
Georg, Manfred 80
Goebbels, Joseph 82
Goethe, Johann Wolfgang 97f.

Hamsun, Knut 80, 84
Heine, Albert 17
Heller, André 117

Hemingway, Ernest 118
Hepburn, Katharine 95
Hessel, Franz 10, 32, 96, 102, 116, 136
Hessel, Helen 116
Hitler, Adolf 99, 102, 111, 113f.
Hofmannsthal, Hugo von 17
Horch, Franz 96

Jackson, Felix 111
Jacobsen, Jens Peter 23
Jannings, Emil 24
Jaray, Hans 97, 97, 104
Jean Paul 64

Kaiser, Georg 132
Kästner, Erich 80
Katajew, Walentin 82
Katharina, Zarin von Russland 95
Kerr, Alfred 94
Kohner, Frederick 84
Korda, Alexander 82, 143
Kortner, Fritz 80, 82
Kraus, Karl 78

Lavater, Johann Caspar 8
Lichnowsky, Mechtilde 80
Lion, Margo 18
Liszt, Franz 128

Lorre, Peter 75
Losch, Eduard von 13
Lubitsch, Ernst 81, 144f.

Mahler-Werfel, Alma 115
Mann, Golo 115
Mann, Heinrich 23, 115
Mann, Nelly 115
Mann, Thomas 112
Mannheim, Lucie 134
Marshall, George 111
Massary, Fritzi 80, 86
Matul, Tamara 90, 106, 107
Maupassant, Guy de 85f.
McLaglen, Victor 140
Merkel, Una 111
Michelangelo 146
Molnar, Franz 104
Musil, Robert 87

Nietzsche, Friedrich 37

Oprecht, Emil 87
O'Selznick, David 144

Pagnol, Marcel 82
Pallenberg, Max 80, 82, 86
Pasternak, Joe 111
Paulsen, Harald 75, 77
Polgar, Lisl 83, 103, 115
Porten, Henny 15f.
Proust, Marcel 96

Raschig, Marianne 139
Reinhardt, Max 89, 97
Reinhardt, Theaterschule 17
Remarque, Erich Maria 108ff., 109
Rilke, Rainer Maria 80
Riva, Maria 18, 89, 97, 107, 117, 140, 148
Roosevelt, Franklin D. 112
Rühmann Heinz 82

Salten, Felix 78
Schell, Maximilian 128
Schiffer, Marcellus 78, 135
Schiller, Friedrich 134
Schlegel, August Wilhelm 88
Schwarzer, Alice 117f.
Seelig, Carl 83ff., 100, 107, 109f.
Segantini, Giovanni 56
Sieber, Maria (Heidede) s. Maria Riva
Sieber, Rudolf (Rudi) 18, 86, 89, 96, 98, 100f., 104, 106f., 118, 130, 145f., 151
Siodmak, Robert 82
Spoliansky, Mischa 78, 132, 135

Sternberg, Josef von 20ff., 35, 44, 79, 94, 137, 140, 143, 149f.
Sternheim, Carl 77
Stewart, James 111
Storfer, Adolf Josef 10, 75f.
Strindberg, August 42, 139
Sudendorf, Werner 144

Torberg, Friedrich 96

Ucicky, Gustav 77

Viertel, Berthold 82
Vollmoeller, Carl 78

Wallace, Edgar 21
Werfel, Franz 115
Wessely, Paula 96
Whistler, James Abbott McNeill 37, 137
Wilde, Oscar 138
Wolf, Hugo 146

Zukor, Adolph 150
Zweig, Friderike Maria 112, 115
Zweig, Stefan 82, 112
Zweig, Suse (= Winternitz, Susanne von) 112

INHALT

Alfred Polgar:
Marlene. Bild einer berühmten Zeitgenossin 5

Ulrich Weinzierl:
Aber verliebt in sie war ich schon ...
Alfred Polgar und Marlene Dietrich 75

Anmerkungen 120
Textvarianten und Erläuterungen 127
Editorische Notiz und Dank 153
Abbildungsnachweis 155
Namenregister 156